먼지가 우주를 바라보는 방식

김성진 수필집

도서출판 실천

먼지가 우주를 바라보는 방식

실천총서 063

초판 1쇄 인쇄 | 2025년 8월 30일
초판 1쇄 발행 | 2025년 9월 5일

지 은 이 | 김성진

발 행 인 | 이어산

기 획 · 편 집 | 김성진

발 행 처 | 도서출판 실천

등 록 번 호 | 서울 종로 바00196호, 등록일자 | 2018년 7월 13일
| 진주 제2021-000009호, 등록일자 | 2021년 3월 19일

서울사무실 | 서울특별시 종로구 율곡로 6길 36
02)766-4580, 010-6687-4580

본사사무실 | 경남 진주시 동부로 169번길 12. 윙스타워지식산업센터 A동 705호
055)763-2245, 010-3945-2245 팩스 055)763-2246

ISBN

값 15,000원

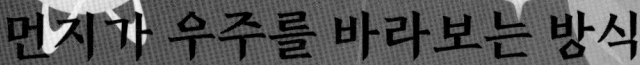

먼지가 우주를 바라보는 방식

김성진 수필집

글을 쓰면서 꼭 다짐하는 것이 하나 있다. 상투적인 글은 쓰지 말자는 것이다. 하지만 늘 나의 글은 상투적이다 못해 식상하다. 거의 모든 글이 그렇다. 책상머리에서 비장하게 다짐해도 손가락은 뻔뻔하리만큼 그 틀을 벗어나지 못한다. 정녕 완벽하게 새로운 글을 쓸 수는 없는 것일까.

세상의 모든 일에는 정답이 있다고 생각해 왔다. 어쩌면 그 정답은 남들이 듣고 싶어 하는 그럴듯한 좋은 말이 아니었을까. 서두, 에피소드, 사유나 대책을 제시하며 결론 맺는다. 그러다 보니 열린 답이 아니라 정해진 답이 된다. 그것이 문제다.

어느 날, 지인으로부터 "돈도 안 되는 글을 왜 쓰냐."는 말을 들었다. 그 말에 감동의 대답은커녕 말문이 아예 막혔다. 생각해 보면 이유는 간단하다. 그냥, 글을 쓰면 행복하다. 글은 나를 가치 있는 인간으로 만드는 최고의 도구이며, 누군가에겐 희망을 주는 일이기도 하다.

분명 글을 쓰게 된 계기가 있다. 하지만 그것은 시작의 동기였지, 글을 쓰는 이유나 목적은 아니다. 누군가로 인해 문득 나를 돌아보는 계기가 있었다. 터널의 앞뒤가 막혀버려 오도 가도 못 하는 느낌이었다. 세상이 캄캄했다. 무언가 잃어버리긴 했는데, 그것이 무엇인지 알 수 없었다. 어쩌면 알고 있는데, 늦어버린 시간 때문에 모른 척했을지 모른다. 내가 진짜 원하는 일, 그대로 잃어버릴 수는 없다. 그때부터 죽을 만큼 간절한 마음이다.

글을 왜 쓰냐는 물음에 명쾌한 답을 말하려는 건 아니다. 작가라는 이름으로 불리면서 글이 밥값을 못 한 것은 사실이니까. 민낯의 진짜 나를 만난 것이다. 글을 쓰면서 아는 척, 아픈 척, 좋은 척, 그렇게 척, 척, 척하며 글을 써온 나를 반성한다.

2025년 가을의 문턱에서
김 성 진

■ 차례

2부
금손 똥손

3부
사계의 멍에 들다

4부

개의 전성시대

1부

장롱이 커졌다

김성진 수필집

새해 아침에

"또 하루 멀어져간다. 내뿜은 담배 연기처럼 작기만 한 내 기억 속에 무얼 채워 살고 있는지. 점점 더 멀어져간다. 머물러 있는 청춘인 줄 알았는데, 비워가는 내 가슴속에 더 아무것도 찾을 수 없네.…"

새해 아침, 라디오에서 노래가 흘러나온다. 김광석의 '서른 즈음에'라는 노래다. 서른을 아쉬워하다니, 그저 부러울 뿐이다. 서른을 두 바퀴 돈 지도 몇 해가 지났다. 흐르는 세월을 자연스럽게 받아들일 때가 되었는데, 그러지 못하는 것을 보면 아직도 청춘에 대한 미련이 있는가 보다.

새해 첫날이면 해돋이 명소로 알려진 정동진이나 호미곶, 간절곶 같은 바다는 물론이고 설악산, 지리산 같은 유명한 산은 사람들로 몸살을 앓는다.

새해 첫날이라는 이유로 해돋이 명소를 찾은 적은 한 번도 없다. 여행을 싫어하는 재미 없는 사람으로 생각할 수도 있다. 재미없는 사람이긴 하지만, 오히려 여행은 보통의 사람에 비해 더 많이 다니지 싶다. 앞서 말한 해돋이 명소는 평소 여러 번 다녀온 곳이다. 시끄럽고 복잡한 여행보다 조용하고 감성적인 여행을 좋아해 사람들이 많이 가지 않는 날을 택해 다녀올 뿐이다.

그런데 올해는 아침 댓바람부터 아내가 성화다. 노총각 큰아들 장가보내야 한다며, 새해 첫날 가까운 산이라도 올라 떠오르는 새해를 바라보며 기도해 보자고 한다.

산이라면 마다할 내가 아니다. 마침 한 사찰에서 떡국까지 준비한 인근 산을 찾았다. 일출이 좋은 산이 아닌데도 많은 사람이 올라와 있다. 찬바람이 몸을 움츠리게 했지만, 장엄하게 떠오르는 태양을 보니 가슴이 벅찼다. 분명 어제와 같은 아침이고, 어제와 같은 해인데, 첫해라는 의미를 부여하니 느낌이 다르다.

누구나 새해가 되면 소원을 빌거나 새해 계획을 세운다. 나 역시 다르지 않다. 문제는 계획의 실천이다. 한해가 지나 계획한 일의 실천을 확인하면 얼굴이 화끈거린다. 아무리 생각해 봐도 최근 몇 년간 목표를 달성한 적이 단 한 번도 없다. 그렇다면 사람들은 연초 세운 계획을 얼마나 이룰까. 목표를 이루거나 계획한 일을 실천한 사람은 5% 정도에 불과하다고 한다. 도대체 사람들은 어떤 계획을 세우기에 성공률이 5%밖에 되지 않을까.

새해 계획으로 가장 많이 세우는 것은 다이어트, 술이나 담배 끊기, 외국어 공부, 규칙적인 운동, 일기 쓰기, 책 읽기 등이라고 한다. 해마다 순위는 조금씩 달라도 내용은 거의 같다고 하니 그것이 우리에게 얼마나 중요한지 짐작할 수 있다.

그러고 보니 나 역시 해마다 똑같은 계획을 세웠었다. 변명하자면, 그해 달성 못 했으니 새해 다시 목표로 잡은 경우가 많았다. 내용은 '매주 한 권의 책 읽기'와 '매년 한 권의 작품집을 내는 것'이었다. 연말이 되어 돌아보면 항상 절반 정도의 성과뿐이었다. 매해 실패하다 보니 어느 순간 똑같은 계획을 세우는 게 맞는지 생각하게 된다. 목표에만 집착하다 보면 행위를 하는 과정조차 스트레스가 된다. 결과 또한 미달이니 이래저래 득이 하나도 없다.

다른 이야기지만, 텔레비전에서 스포츠 중계를 즐겨본다. 단 10초 만에 끝나는 단거리 육상부터 나흘이나 경기하는 골프까지, 모든 스포츠 중계를 즐겨본다. 즐겨보기는 하지만, 소질이 있는 종목은 하나도 없다. 모든 종목의 운동신경이 최하 10% 수준이지 싶다. 그런데도 즐겨 보는 이유는 반전을 좋아하기 때문이다. 스포츠는 작전이나 투지, 노력에 따라 반전이 자주 일어난다. 간혹, 누가 봐도 실력이 떨어지는 선수나 팀이 반전 드라마를 연출할 때면 그

감동은 배가 된다. 경기 시간이 긴 종목일수록 반전은 자주 일어난다.

우리 집은 마라톤 경기가 자주 있는 진양호 둘레길에 있다. 경기가 있는 날이면 도로 통행을 차단하기 때문에 꼼짝없이 반나절은 집에 갇히기도 한다. 그런 날이면 차라리 집 앞 도로변에 나가 경기를 직관한다. 집 앞은 반환점에서 멀지 않은 곳으로, 전체 코스에서 가장 오르막이 심한 지점이다. 달리는 선수들의 표정만 봐도 그들의 고통을 읽을 수 있다. 마라톤은 육상 중에 가장 긴 시간 경기가 이루어진다. 연습량은 물론이고 작전이나 투지에 의해 승패가 달라진다. 처음부터 무조건 전력 질주하면 금세 지쳐 쓰러지고, 속도를 너무 늦추면 등위에 들기 힘들다. 경기 중 상황에 따라 유연한 작전이 필요하다.

마라톤을 보다가 문득 한해의 목표도 마라톤 선수처럼 유연한 작전이 필요하다는 생각이 든다. 현재의 조건이 언덕인지, 평지인지, 나의 능력은 완주할 수 있는 정도인지, 상황에 따라 유연한 작전이 필요하다. 그래서 많은 사람이 인생을 마라톤에 비유한다. 우리네 삶 자체가 마라톤처럼 변화무쌍하므로 상황에 따라 우선순위를 조정하는 융통성을 가져야 하지 않을까 싶다.

사람들은 모든 초점을 목표 달성에만 집착한다. 그러다 보면 쉬운 일은 오히려 더 힘들기만 하다. 정신없는 마음에서 억지로 책을 들어봐야 글이 눈에 들어올 리

만무하고, 순리를 거스른 채 마음 준비 없이 억지로 글을 써봐야 좋은 글이 나오지 않는다.

지난해부터 조금 유연해 보기로 마음먹었다. 구체적인 목표치를 정하기보다 어떤 일을 집중적으로 해보겠다는 폭넓은 다짐으로 바꾸었다. '틈만 나면 책을 많이 읽자' 라든가, '다른 일에 우선하여 작품 쓰기에 몰두하자'라는 등 유연하게 바꾸고 보니 결과는 오히려 나아졌다. 설령 비슷한 결과를 낳더라도 과정에 발생하는 스트레스는 없다. 비워야 채워진다는 말에 예외가 없었다. 욕심을 비우니 스트레스는 없어지고, 결과는 오히려 나아졌다.

핵 주먹 타이슨의 말이 생각난다.

"링 위에 오르기 전엔 누구나 그럴싸한 계획은 갖고 있다. 얻어맞기 전에는….".

그처럼 사람들은 대부분 나름의 꿈을 가지고 새해를 시작한다. 하지만 그 꿈을 이루는 사람은 극히 미미하다. 링에 오를 때 맞을 것도 각오해야 하는 것처럼, 한 해의 계획을 세울 땐 여러 가지 변수를 생각해야 한다. 변수의 과정이 결과보다 힘들 수도 있다. 그렇다고 계획조차 하지 않는다면 그 인생은 삶을 기만하는 행위로 보일 수 있다. 성공이든 실패든 유연한 계획으로 앞을 향해 나아가는 것이 내 나이쯤의 인생이지 않을까 싶다.

고목, 다시 태어나다

느낌이 이상하다. 분명 일어날 시간인데 아직 새벽 같은 묵직한 이 느낌, 아침마다 들리던 새소리도 들리지 않는다. 새들이 이사라도 간 것일까. 시계가 고장 났을 리 없다는 생각이 들자, 흐릿했던 머릿속이 갑자기 찌릿, 전류가 흐른다. 자리를 박차고 나오는데 영점일 초도 걸리지 않은 것 같다. 거실의 블라인드를 올리자, 유리창이 흐릿하다. 눈을 비비고 다시 본다. 비가 오고 있다. 오늘은 아들과 산을 가기로 한 날인데….

산을 좋아한다. 특히 지리산을 좋아한다. 정확히 헤아려보진 않았지만, 백 번은 넘게 지리산에 올랐던 것 같다. 아무리 산을 좋아한다지만 우천 산행은 하지 않는다. 날씨에 따라 지리산이 얼마나 괴팍스러운지 알기 때문이다.

마음을 비우고 소파에 잠시 누웠는데, 살짝 잠이 들고 말았다.

"아버지, 일어나보세요, 날씨가 개었어요."

못내 아쉬웠는지, 잠이 든 나를 아들이 깨운다. 밖을 보니 언제 비가 왔냐는 듯 햇볕이 쨍하다. 일기예보를 검색하니 지금부터는 계속 맑을 거라고 한다. 현재시간 아홉 시, 중산리 코스라면 아직 가능하다. 중산리는 집에서 30분이면 도착한다. 간단히 장비만 점검한 채 바로 길을 나선다.

군데군데 구름이 남아있지만, 하늘은 눈이 시리도록 푸르다. 언제부터인가 지리산은 내게 산 이상의 의미로 자리 잡고 있다. 내가 지리산을 처음 올랐던 때도 지금의 아들 나이 때였다. 내가 아들에게 지리산을 알려주었듯, 내게 지리산을 처음 알려준 사람도 아버지였다. 풋풋한 스무 살, 짝사랑으로 가슴앓이를 하고 있을 때였다. 아마도 지리산처럼 넓고 큰마음을 가지길 바라는 마음이었을 것이다. 인내의 고통이 있어야 정상을 밟을 수 있다는 것도 알려 주고 싶었을 것이다.

중산리를 출발해 네 시간 남짓, 어느새 천왕봉이다. 언제나 느끼는 것이지만 사방으로 뻗은 산줄기는 갈기 휘날리며 달리는 말(馬)처럼 보인다. 대륙 정복을 위해 말달리던 고구려 광개토대왕의 모습이 그려진다. 제석봉으로 발길을 돌린다. 제석 능선은 연하선경과 더불어 내가 가장 좋아하는 길이다. 구름이 휘젓고 지나간 자리, 군데군데 고사목이

목을 빼고 있다. 오래전 도벌꾼들에 의해 불타버린 구상나무 고사목들이다. 앙상한 빈 가지에서 불길 속 처절한 몸부림을 느낀다.

앞서 걷던 아들이 고사목 하나를 유심히 보더니 외쳤다.

"아버지, 저기 저 고사목이 다시 살아났어요!"

죽은 나무가 다시 살아나다니, 무슨 말도 되지 않는 소리인가. 다가가 보니 정말 고사목에 푸른 잎이 돋아 있다. 이미 죽은 지 오래된 나무가 아니던가. 자세히 보고서야 이유를 알았다. 주위의 잡풀 덩굴이 고사목을 타고 올라가 마치 죽은 나무가 잎을 틔운 것 같았다. 습한 날씨 때문에 이끼까지 끼어있으니 더더욱 그랬다.

"저 나무는 다시 태어났으니 오늘이 새로운 생일이네요, 그런데 나무는 왜 죽은 날을 기념하지 않고 심은 날을 기념하는 걸까요?"

아들만의 비유법이고 역설법이다. 사실 어제는 아버지 기일이었다. 유난히 할아버지를 잘 따르던 아들이었지만, 제사라는 유교 문화에 대해서는 부정적 시각을 가지고 있었다.

"생일은 태어난 날을 축하하는 의미니, 돌아가신 분을 축하할 수는 없잖아…."

"슬픔만 더할 것 같아요, 할아버지와는 즐거웠던 기억만 나요."

제사가 귀찮아서가 아니라 생일처럼 좋았던 시간을

기억하고 싶다는 말이다. 뜻밖의 한마디에 살짝 콧등이 시큰했다. 그러고 보니 위인들을 기리는 날도 대부분 돌아가신 날이 아니라 태어난 날이 아니던가.

꼭 그렇진 않지만, 살아가면서 아이들을 통해 어른이 되어간다. 산을 통해 삶의 지혜를 가르치고 싶었는데, 아들은 이미 어른이 되어 있었다. 아들에게 산을 가자는 말을 더는 할 필요가 없을 것 같다.

어렸을 땐 아버지 같은 사람이 되기 싫었다. 우리 집의 가난은 모두 아버지 탓이라 생각했다. 초등학교 다닐 때 입을 옷은 늘 교복과 체육복뿐이었다. 6학년 가을 운동회를 앞둔 때였다. 체육복이 낡아 무릎과 팔꿈치 부분에 구멍이 나 있었다. 새것으로 사달라고 했더니 졸업하면 체육복은 입을 일이 없다며 수선해 입으라고 했다.

그날 저녁, 먼 친척 아저씨가 쌀을 얻으러 왔다. 아버지는 한 치의 망설임도 없이 뒤주의 쌀을 절반이나 퍼 주었다. 그 쌀값이면 체육복을 사고노 남을 깃 같았다.

집안의 장손인 아버지는 가난한 살림 속에서도 항상 주변을 먼저 생각하는 분이었다. 누군가 아버지를 법 없이도 살 분이라 말했을 땐, 나는 화가 났다. 그런 아버지가 싫어 당신의 조곤조곤한 말에도 나는 언제나 쏘아붙이듯 대답했다.

어른이 되고 보니 아버지의 행동이 모두 옳았다는 것을 알게 되었다. 인생을 돌아보면 삶의 절정은 목표를 이루었을 때가 아니라 아등바등 힘든 문제를 해결해 나가는 과정이라는 것을 깨우치고부터였다. 성공한 사람들이라 해도 그들의 삶을 자세히 들여다보면 여전히 고민과 고통 속에 살고 있다. 성공의 위치에 이르기까지 겪었던 고통을 돌아본다면 가난이나 고통은 오히려 삶의 질을 끌어올리는 바탕이었다는 것도 알 수 있다.

아버지는 내게 용서를 구할 기회도 주지 않고 갑자기 떠나셨다. 어쩌면 기회를 주지 않은 것이 아니라 늘 있던 기회를 내가 잡지 않았던 것인지 모른다.

당신은 평생 저 고사목처럼 버텨냈으리라. 늘 주변의 어려움을 보살피며 풍파를 온몸으로 견뎌 내셨으리라. 세월에 몸은 여위어 가면서도 삶의 굴곡에 부는 바람은 그치지 않았으리라. 가슴이 비어가면서도 말없이 안고 계셨을 아버지의 외로움이 가늠된다.

남을 누르지 못하고 베풀 줄만 아셨던 아버지, 돌아보니 지리산 능선의 한 그루 고목처럼 느껴진다. 자식에겐 부모란 고목 같은 존재다. 저기, 제석봉 고목은 죽은 지 오래지만, 주위의 넝쿨 때문에 다시 살아났다. 인생도 그런 것 같다. 좋은 부모는 자녀에게 인생의 길잡이가 된다.

기억의 편린들이 제석봉에 내린다. 비바람의 시련만큼 강해진 고사목, 험악한 지형일수록 고목은 넘어지지 않는다. 산은 나무를 잡고, 나무는 산을 잡고 있기 때문이다. 힘들고 아픈 만큼 나무와 산은 서로 의지하며 힘이 된다.

능선을 휘감던 바람이 잦아든다. 생과 사를 잊은 고목이
바람 속에 우뚝하다. 지친 몸과 마음을 잡아 주는 고목,
그것은 거부할 수 없는 아버지의 사랑이다.

바람

바람에 살구꽃이 난분분하다. 꽃만 봐도 새콤달콤한 열매가 그려진다. 하뭇한 마음으로 집 안으로 들어섰는데, 아내가 울상이다. 거실 화초를 돌보다가 또 무언가 마음에 들지 않는 모양이다. 이번엔 춘란이 꽃을 피울 시기인데 꽃은커녕 잎이 윤기 없이 누렇게 떴다. 벌써 몇 번째인가. 환장할 노릇이다.

자식들이 독립한 후 시골로 이사 왔다. 식구가 줄었다고 생각했는데, 오히려 늘었다. 뒷마당의 유기견 두 마리, 테라스의 길고양이 세 마리, 닭장의 토종닭 열 마리가 늘어난 식구다. 언제부턴가 창고 처마 틈에 박새도 둥지를 틀고 가족이라 우긴다.

시골로 이사 온 이유는 텃밭과 화초를 가꾸고 싶어서였다.

꽃이 필 때나 농작물을 수확할 때는 보람도 느끼지만, 전원생활이 생각만큼 낭만적이거나 즐겁지만은 않다. 보람을 얻기까진 힘든 노동의 대가가 따르기 때문이다. 아침에 눈 뜨면 식구들 먹이 주는 일을 시작으로 정원일, 집안일, 농사일에 직장 출근까지 한 치도 여유가 없다.

그중 가장 힘든 일을 꼽으라면 의외로 화초 가꾸기다. 화초는 종류에 따라 실내와 실외로 나누어 돌본다. 실외는 내가, 실내는 아내가 맡기로 했다. 모든 화초가 잘 자라주면 좋으련만, 예상하지 못한 문제가 자주 발생한다. 얼마 전 거실의 행운목 잎이 누렇게 뜨기 시작하더니 말라 죽어버렸다. 행운목의 이름처럼 우리 집에 행운이 와주길 바랐는데, 오지 않는 것 같아 못내 아쉬웠다. 그런데 얼마 지나지 않아 또다시 거실의 돈나무가 잎이 마르기 시작한다. 야외에서 키우던 다른 화초도 실내로 옮기기만 하면 오래가지 않아 잎이 시든다. 주인의 정성으로 사는 게 식물이라 했는데, 이건 뭐, 정성에 보답은커녕 기본도 하지 않는다. 도시에서 살 때는 이런 적 없었는데, 이해가 되지 않는다.

돈나무와 행운목이 있던 자리가 휑해서 아내와 화원에 들렀다. 무늬가 예쁜 고무나무가 눈에 들어왔다. 화원 주인에게 잘 키우는 비법을 물으니, 물만 가끔 주면 잘 사는 나무라고 했다. 옳다구나 싶어 바로 집으로 데려왔다. 가끔 물을 주고 잎도 닦아주며 영양제도 꽂아 주었다.

이번엔 실패하지 않겠다는 각오로 정성을 들였지만, 희망 사항이었다. 그렇게 죽는 일이 잦다 보니 거실에서 식물 키우기가 겁났다.

지난해 봄이었다. 전통시장에서 텃밭 모종을 사면서 춘란 두 포기를 덤으로 얻어왔다. 시들시들 세력이 약한 것은 정원 반송 밑에 심고, 세력이 좋아 튼튼해 보이는 것은 예쁜 화분에 심어 거실에 두었었다. 해가 바뀌어 새봄이 와서 보니 두 춘란은 상태가 역전되어 있다. 정원에 심은 것은 세력을 확장하여 예쁜 꽃을 피웠는데, 거실의 난은 꽃은커녕 잎조차 말라 있다.

고심 끝에 실내의 모든 화초를 밖으로 내놓기로 했다. 하지만 저 식물들은 대부분 겨울이 되면 실내로 옮겨야 하는 열대식물이다. 온도가 일정한 실내에서도 살지 못하는데, 기온 변화가 심한 실외에서 살 수 있을까 싶었다. 밑져야 본전이라는 생각으로 모두 야외 테라스로 옮겨버렸다.

까맣게 잊은 채 한 달쯤 지났을까, 테라스에서 빨래를 널던 아내가 소리쳤다.

"여보! 이것 좀 보세요. 전부 살아났어요."

신기한 일이 벌어지고 있었다. 힘이 없던 다육식물이 탱글탱글 탄력을 보이고, 말라버렸던 춘란도 연둣빛 새잎이 돋고 있다. 죽어가던 화초들이 모두 생기가 났다. 화초들에게 실내는 환경이 맞지 않았던 모양이다. 살려고 얼마나 발버둥 쳤을까. 야속했던 마음이 죄책감으로 바뀌었다.

아내가 내게 무슨 요술을 부렸냐고 묻는다. 난 아무것도 한 게 없다. 무엇이 이 아이들에게 생기를 주었을까. 거실과 테라스의 차이를 곰곰이 생각하고 있을 때, 시원한 바람 한 줄기가 불어왔다. '그래, 거실에 없는 딱 하나는 바로 이 바람이야.' 식물이 살아가는 데 필요한 기본 조건이 무엇이던가. 햇빛, 물, 바람이라 하지 않았던가. 누구나 알고는 있지만, 가벼이 여기는 것이 바람이었다. 밖으로 나온 아이들이 바람을 흠뻑 맞고 생기를 찾은 것이다.

왜, 그 간단한 기본을 생각하지 못했을까. 늘 마시는 공기지만, 마시지 않으면 죽는다는 것을 우리는 까맣게 잊고 지낸다. 도시에 살 때는 수시로 실내를 환기했지만, 시골은 도시보다 단열효과가 높지 않아 웬만해서는 창문을 열지 않았다. 그것이 문제였다.

난은 새잎을 내밀더니 무서운 기세로 잎을 키운다. 어느새 먼저 나온 잎을 기죽이며 중심을 자시한다. 되살아난 난을 보니 그동안 죽어 나간 화초들에게 미안한 마음이 든다.

두 아들에게서 사흘이 멀다고 안부 전화가 온다. 아이들은 성인이 되면서 부모 품을 떠나 독립했다. 일찍부터 사회의 모진 바람을 맞고 튼튼한 내성을 키우더니 어느새 사회의 튼튼한 일꾼이 되었다. 사람이든 식물이든 바람은 생명력을 주는 사랑이다. 그동안 우리를 힘들게 했던 코로나도 물러갔으니 닫혀있던 우리들의 마음도 활짝 열어 새로운 바람으로 환기해야 할 것 같다.

　창고에 둥지를 틀었던 딱새는 이소를 했고, 꽃이 떨어져 나간 살구나무엔 어느새 노란 열매가 맺혔다.

장롱이 커졌다

여동생 내외가 이사를 한다. 낡은 아파트를 팔고 새 아파트로 간다니 축하해 줄 일이다. 그런데 새 아파트엔 장롱이 붙박이로 있어 쓰던 장롱 처리가 고민이라고 한다. 짠순이 여동생은 흠 하나 없으니, 중고 당근마켓에 올리자 하고, 매제는 남이 쓰던 물건을 누가 쓰겠냐며 폐기물로 버리자고 옥신각신이다. 내가 누구던가, 짠순이 오빠 짠돌이가 아니던가. 30년도 더 된 우리 집 장롱이 떠올랐다. 겉은 벗겨지고, 문짝은 뒤틀려 양쪽 문을 동시에 닫아야만 닫히는 상태다. 얼른 동생네 장롱을 모시고 왔다.

장롱을 교체하고 보니 방 안 분위기가 확 달라져 보인다. 열두 자 빅 사이즈라 한쪽 벽면이 꽉 찬다. 더군다나 광고에서나 보던 유명 제품이다. 아내도 좋은지 흐뭇한 표정이다. 사치를 모르는 알뜰 정신만큼은 찰떡궁합이다.

은퇴하는 장롱을 바라본다. 참 오래된 인연이다. 쉽게 버리지 못한 데는 이유가 있다. 취직하자마자 결혼해야 할 상황이 벌어져, 신혼생활을 부엌도 없는 단칸방에서 시작했다. 자린고비 삶을 살며 5년 만에 내 집을 마련했으나, 살림살이는 마련할 여유가 없었다. 서른 평의 아파트에 살림이라곤 작은 옷장 하나뿐이었다. 살림이 없으니 오십 평처럼 넓어 보인다며 우리는 깔깔 웃었다.

기억해 보면 30년쯤 전이었다. 아파트 분리수거장에 내려갔던 아내가 기가 막힌 것을 발견했다며 허겁지겁 올라왔다. 신대륙이라도 발견한 양 환한 표정이었다. 내려가 보니 누군가 이사하면서 폐기물 딱지 붙여 버린 소파였다. 약간의 사용감은 있었지만, 찢어지거나 낡아 보이진 않았다. 횡재했다는 말은 바로 이런 때 하는 것이리라. 집으로 데려왔다. 창피한 마음도 들었지만, 득템의 기쁨이 더 컸다.

낑낑대며 엘리베이터에서 소파를 내리는데, 현관 앞에 누군가 서 있다. 하필이면 그날 아버지가 오셨다. 폐기물 딱지를 떼어내고 소파를 닦고 있는 모습을 유심히 보던 아버지가 한마디 하셨다.

"그렇게 좋으니, 콧노래가 절로 나오네."

아버지가 가시고 한 시간쯤 지났을까. 낯선 전화 한 통이 왔다. 가구점이라며 장롱을 배달해야 하는데, 주소가 어디냐고 물었다. 단칸방 시절에 쓰던 낡고 작은 옷장이 안방을 차지하고 있는 것을 보고, 아버지가 장롱을 사 보냈다. 옷장보다 두 배나 컸다. 휑한 집을 둘러보고 마음이 아팠던 모양이다. 고마운 마음에 전화를 드렸더니, 아버지는 결혼할 때 아무것도 해주지 못해 미안하다는 말만 하셨다.

그날은 졸지에 예정에도 없던 소파와 장롱이 한꺼번에 생긴 날이었다. 하지만 아버지의 행동에 후유증이 발생했다. 나중에 알게 되었지만, 아버지가 우리 집을 방문했던 날은 아버지가 부도를 맞아 변호사를 찾아가던 중이었다. 당시 아버지는 곡물 도매업을 하고 있었는데, 한 소매상에게 대량의 곡물을 납품하고선 대금을 받지 못하고 있었다. 잠시 우리 집에 들렀는데, 때마침 소파를 주워와 닦고 있는 모습을 보고 어머니와 의논도 없이 변호사비 계약금으로 준비한 돈으로 가구를 사 보낸 것이다. 대책 없이 돈을 엉뚱한 곳에 쓰고 간 아버지는 그날 어머니와 크게 싸웠다고 한다.

아버지는 어차피 소송해 봐야 상대기 값을 능력이 없어 돈을 받기 힘들 것으로 생각하고, 차라리 그 돈으로 아들 살림이나 보태주자며 마음을 바꾼 것이다. 부도낸 사람에게선 돈을 버는 대로 갚겠다는 각서를 받았지만, 끝내 받지는 못했다.

세월이 흘러 그동안 이사는 몇 번 했지만, 우리 집 문화는 크게 달라진 게 없다. 집안의 살림은 중고 시장에서 산 것이거나 누군가 필요 없는 물건을 얻어온 게 대부분이다.

작은방엔 여전히 30년 넘은 서랍장이 자리 잡고 있고, 자동차는 10년이나 된 중고를 사서 7년째 타고 있으니 17년이나 된 것이다. 침대는 처남이 새 침대를 넣으면서 버리는 것을 데려왔다. 모두 원래 제자리인 양 편하게 자리 잡고 있다. 누군가가 왜 이렇게 궁상맞게 사느냐고 물을 때면, 뭐 천성이 그런데 어쩌겠냐고 웃고 만다.

장롱에 폐기물 딱지를 붙이는데, 가슴이 저려온다. 30년 만에 떠나보내는 장롱은 아버지의 사랑이 담긴 물건이다. 이제는 그 사랑을 보낼 때가 된 것 같다. 욕심이라곤 티끌만큼도 없던 아버지, 꿈과 포부가 컸던 어머니. 너무 달라 늘 부딪혔던 두 사람, 돌아보면 서로 사랑하는 방법이 달랐지, 사랑하는 마음이 달랐던 건 아니다. 세월이 흘러 이제 꿈에서도 잘 오시지 않는다. 그곳에서는 좀 사이좋게 잘 지냈으면 좋겠다. 그래도 오늘은 두 분 모두 기뻐하실 것 같다. 딸은 새집으로 이사하고, 아들은 돈 한 푼 들이지 않고 12자 메이커 장롱이 생겼으니까.

이제금 내가 그때의 아버지 나이가 되고 보니 당신의 손자가 장가를 간다고 한다. 가진 게 없어 아무것도 보태줄 게 없다. 아버지처럼 되지 않겠다고 다짐했지만, 지금 내 모습이 그때의 아버지와 하나도 다른 게 없다.

장롱을 내놓으며 아버지를 그려본다.

"아버지, 우리 집 그래도 많이 달라지지 않았나요, 장롱이 또 커졌잖아요."

완전과 불완전의 등식

늦잠을 잔 것도 아닌데 코끝이 요란하다. 눈을 뜨자 창틈 사이로 낯익은 향이 공략해 온다. 창문을 열어볼까도 싶었지만, 기대감을 더 느끼기 위해 뜸을 들여 본다. 문득 짚이는 게 있어 얼른 일어나 마당으로 나가 본다. 화단의 치자나무에 어제 없던 꽃이 활짝 폈다. 자는 동안 방인에 스며들어 머리맡을 은은하게 감돌고 있었던 것 같다. 정갈한 그 향이 가슴에 스멀스멀 스며든다.

치자는 꽃이 지고 나면 그 자리에 열매가 맺힌다. 잘록한 그 모양이 마치 복주머니를 닮았다. 노랗게 익으면 말려두었다가 옷감 염색으로 쓰기도 하고 튀김이나 부침개 등 음식의 색깔을 내는 데도 쓴다. 열매와 더불어 뿌리는 약재로 쓰기도 한다. 은은한 향과 함께 사철 푸른 잎 때문에 최고의 정원수로 꼽는다. 그처럼 치자나무는 어느 한 곳 버릴 것이 없다.

향을 풍기던 치자꽃이 하나씩 시들고 있던 어느 여름날, 정원을 둘러보다가 깜짝 놀라고 말았다. 늘 푸름을 자랑하던 치자 잎이 절반이나 사라지고 없다. 그 많던 잎을 누가 다 없애버렸단 말인가. 찬찬히 살펴보는데 무언가 못 보던 것이 눈에 띈다. 새끼손가락 두 마디쯤 되는 연두색 애벌레다. 잎을 갉아 먹고 있는 이놈의 정체는 이름도 어리둥절한 '줄녹색박각시'라는 나방의 애벌레다.

호기심에 살짝 건드려본다. 죽은 척 꼼짝도 하지 않는다. 머리 전체가 눈이라 할 만큼 큰 눈을 가지고 있음에도 앞을 전혀 보지 못한다. 두꺼운 치자 잎을 흔적도 없이 갉아 먹는다. 잎에서 떼어내려 해도 잘 떨어지지 않는다. 줄기를 움켜잡은 배다리의 힘이 장난 아니다. 몸을 만지자 입에서 진액을 토해낸다. 초록을 먹었으니 액과 몸도 초록이다. 나뭇잎과 벌레가 비슷한 색이라 자세히 찾지 않으면 잘 보이지 않는다.

세 그루 치자나무에 수십 마리가 붙어있다. 그야말로 주렁주렁 열렸다. 가장 작은 두 마리만 남기고 모두 떼어냈다. 잎이 절반쯤 없어도 나무가 죽지 않을 것 같아서다. 아내에게 보여주었더니 징그럽다며 도망간다. 뭐가 징그럽다는 건지, 난 귀엽기만 하다. 내일 아침, 남겨둔 두 마리와 다시 인사해 볼 요량이다. 겨울을 나기 위해

땅으로 들어가면 더 볼 수 없으니 실컷 봐둬야겠다.

줄녹색박각시는 나방의 일종이다. 나방은 알에서 나와 애벌레 때 열심히 먹이활동 한 후 우화(羽化)를 위해 땅속으로 들어간다. 애벌레였다가 번데기를 거쳐 나방이 된다. 이렇게 번데기 과정을 거치는 것을 '완전 탈바꿈'이라고 한다. 나방이나 나비, 벌 등이 완전 탈바꿈을 한다. 그와 달리 매미의 애벌레는 땅속에서 번데기 과정 없이 몇 번의 허물을 벗은 후 성충 매미가 된다. 매미처럼 번데기 과정 없이 탈바꿈하는 것을 '불완전 탈바꿈'이라고 한다. 매미를 비롯해 메뚜기, 바퀴벌레, 노린재가 불완전 탈바꿈을 한다.

모든 곤충은 완전이든 불완전이든 탈바꿈을 통해 성충으로 성장한다. 번데기 과정의 유무에 따라 완전 또는 불완전이라는 이름을 붙이지만, 성충으로 자랄 확률이 달라지는 것은 아니다. 인간이 임의로 이름 지었을 뿐이지 더 완전하다거나 불완전하지는 않다. 인간도 마찬가지가 아닐까. 시대를 막론하고 권력 앞에 나약해지는 재벌이나 지식인들을 볼 때 경제적 여유나 지식의 깊이가 완전한 삶으로 가는 길이 아님을 느낀다. 그렇다고 권력이나 재산이 영원한 것을 본 적도 없다.

곤충이든 인간이든 완전과 불완전의 기준은 무엇일까. 생물 중에 가장 완전에 근접한 생명이 있다면 '인간'일 것이다. 하지만 무한한 우주와 자연의 섭리 앞에서는 곤충이나 인간이나 지극히 미미한 존재다. 우리는 이 작은 차이를 완전과 불완전으로 오해한다. 시각적인 작은 차이를 완전함의 정도로 판단한다.

인간이 완전에 가까운 존재라면 누가 완전한 존재일까. 내적으로는 예수나 석가, 아니면 철학자라도 되는 것일까. 외적으로 완전한 인간의 기준도 문제다. 미인대회 우승자나 키가 크고 근육이 멋진 사람을 완전한 사람이라고는 할 수는 없다. 인간이 곤충을 보듯 신의 영역에서 인간을 봤을 때 완전한 기준은 없다. 다만 인간 스스로 기준을 만들고 평가하고 있을 뿐이다. 인간 아닌 타자의 눈에는 인간을 두고 신체의 좌우는 물론이고 얼굴도 인형처럼 거의 똑같으며 심지어 생각의 깊이나 넓이도 같다고 판단할지 모른다. 이는 인간의 기준이 얼마나 헛된 것인지를 말해준다.

인간은 항상 불완전한 존재로서 끝없이 완전을 위해 나아가려고 노력하는 존재일 뿐이다. 돈을 벌겠다는 사람, 권력을 갖겠다는 사람, 그림을 그리겠다는 사람, 글을 쓰겠다는 사람…. 자신이 가는 길을 가는 사람치곤 현재의 자신이 부족하다고 생각하지 않는 사람이 없다. 설령 현재에 만족해도 이내 좀 더 나은 무엇을 위해 정진한다. 오늘 할 일을 다 하였어도 어딘지 모르게 아쉬움을 가지고 그 불완전을 채우기 위해 내일을 계획한다. 끝도 없는 자기완성에 힘쓰는 자체가 모순일지도 모르지만,

어떤 경우라도 현재는 완전하지 못하다. 그처럼 인간은 근본적으로 불완전한 존재이기에 완전을 꿈꾼다.

정신과 육체가 완전하기 위해서 움직임(動)이 존재한다. 미완성의 존재로서 어제보단 오늘이, 오늘보단 내일이 나아지려는 본능이 있는 것이다. 멈춤(靜)은 죽음이 아니라 해탈하여 초인의 경지에 도달하는 일이라면 종교에서나 이룰 일인지 모른다. 완전한 완성이란 어쩌면 멈춤(靜)을 뜻한다. 그 말은 완전한 완성이란 삶에서 있을 수 없다는 말이다.

심리학자 '알프레드 아들러'는 용기가 부족하다는 것은 실수에 대한 두려움이 있기 때문이라고 말했다. 그래서 스스로 '불완전한 존재임을 받아들일 용기'만 있다면 그 부족함을 피할 수 있다고 했다. 인간은 불완전하기에 실수도 한다. 실패를 두려워하지 말고 삶의 요구에 맞서는 용기가 필요하다. 사실 실패가 두렵지 않을 수는 없다. 실패가 두려워도 숨지 말고, 용기 내어 한 발이라도 내디딘다면, 삶의 만족도는 어제보다 한걸음 나아진다. 그런 용기를 가장 강하게 보여주는 사람이 예술가가 아닐까 싶다.

예술은 불완전한 삶 속에서 완전해지기 위해 또 다른 불완전의 세계로 걸어가는 것이다. 세상엔 움직여(動) 후회하는 일 보다 멈추어(靜) 후회하는 일이 더 많다. 새로운 불완전의 길을 가다 보면 불안한 마음이 들기도 한다. 그것은 새로운 세계의 경험으로 새로운 인생을 느끼는 일이다. 예술이란 새로움에 대해 끝없이 천착하고, 더 나은 곳으로 순례하는 일이다. 예술을 세상과 떼어 생각할 수 없기에 조금은 거칠고 외로워도 나 자신을 몰아세워야 한다.

내 삶의 버팀목

곧 종착역에 도착한다는 안내방송이 흘러나왔다. 목적지가 종점이니 하차 역에 신경 쓸 필요는 없다. 꼭 가야 할 장소도, 만나야 할 사람도 정해져 있지 않다. 단지 이 철로의 끝이 포항일 뿐이다.

강원도로 가기 위해서 역무원이 알려준 대로 다시 삼척행 버스를 탔다. 철 지난 바다는 비어버린 마음처럼 휑뎅그렁했다.

"강원도에 오신 것을 환영합니다."

강원도로 막 들어섰을 때 환영 간판이 보였고, 곧이어 검문소 하나가 나왔다. 일상인 듯 버스가 멈추고, 총을 든 근무자가 올라와 승객을 둘러보았다. 눈을 마주치지 않으려 창밖을 보고 있었지만, 근무자는 성큼성큼 내게로 왔다.

신분증을 요구하며 행선지를 물었다. 무심코 강원도라는 대답을 하고선 아차 싶었다. 이미 여기는 강원도가 아니던가. 아나나 다를까 하차를 요구했다. 거역할 수 없는 명령 같았다.

그녀가 시간을 가지자고 했을 때, 이미 마음이 떠난 것을 느꼈다. 그래, 거역할 수 없는 명령 같은 통보였다. 시간의 여지는 그녀의 마지막 배려일 뿐이다. 통제할 수 없는 것이 인간의 마음이라 했던가. 갑자기 타버린 재처럼 번 아웃이 왔다. 음식은 삼켜지지 않았고, 밤이면 악몽에 시달렸다. 그렇게 마음이 소진되자, 몸은 늦가을 마른 풀잎처럼 시들어갔다. 불과 몇 개월 만에 몸무게가 20kg이나 줄었다. 현실을 벗어나고 싶다는 생각에 무작정 길을 나섰다.

"우리 강원도는 말이야…"

고향 사랑이 유별난 강원도 삼척 출신 친구 말이 떠올라 무작정 삼척 땅을 밟아 보기로 했다. 하지만 출발역(진주) 노선도에는 강원도로 가는 노선은 없었다. 역무원에게 기차를 타고 삼척 가는 방법을 물었더니, 부산을 거쳐 포항까지 간 후 버스로 동해안을 거슬러 올라가는 방법을 알려주었다.

작은 바닷가 마을로 들어서니 검문소에서 알려준 대로 듬성듬성 민박집이 보였다. 가장 어둡고 구석진 집으로 갔다. 폐가가 아닌지 의심스러울 정도로 낡은 집이었다. 즐거운 마음으로 왔다면 절대 머무르고 싶지 않은 집이었지만, 사람을 피해온 내겐 차라리 더 어울렸는지 모른다. 대문을 두드리니 주인으로 보이는 여자가 나왔다. 아래위로 훑어보더니 마치 검문소의 누구처럼 어디서 왔는지, 왜 왔는지 꼬치꼬치 물었다. 늦은 시간에 퀭한 모습으로 혼자 온 것이 이상했던 모양이다. 안내해 준 방은 이부자리 외엔 아무것도 없었다.

외투도 벗지 않은 채 한참을 누워있었다, 주인 여자가 문을 두드렸다.

"젊은이, 저녁을 아직 먹지 않은 것 같은데, 나와서 같이 먹어요."

몇 개월째 밥은 내게 모래알이었다. 배가 고프지 않다고 말했다.

"그러면 나와서 술이라도 한잔해요."

술이라는 말에 나도 모르게 벌떡 일어났다. 원래 술 냄새만 맡아도 얼굴이 홍당무가 되는 체질이다. 하지만 그 순간만큼은 술 외엔 아무것도 생각나지 않았다. 사람이 그리웠던지 주인은 내가 듣든 말든 혼자 열심히 떠들었다. 혼자 산다는 그녀는 마흔을 갓 넘겼다고 했지만, 내가 보기엔 쉰은 넘어 보였다.

목적 없이 도착한 삼척은 이곳이 고향인 친구나 민박집 주인과는 달리, 작고 조용한 곳이었다. 낮이 되니 바다가 보이는 아름다운 풍광이었다.

"오! 다행이네, 밤새 잘 잤어?"

다행이라니, 술 몇 잔에 죽기라도 했을까. 젊디젊은 청년이 몸만 달랑 온 모습에 걱정이 되었던가 보다.

"요 위에 괜찮은 암자가 하나 있는데, 구경이나 다녀오지….."

술 한잔에 가까워졌다고 생각했는지 말끝이 짧다. 특별히 할 일도 없어서 그녀가 알려준 곳으로 길을 나섰다. 산길을 조금 올라가니 목탁 소리가 들렸다. 이런 어지러운 마음으론 부처님 앞에 나설 수 없어서 법당은 들어가지 않고 입구 돌계단에 걸터앉았다. 얼마나 넋을 잃고 앉아 있었을까, 민박집 여자가 올라왔다. 5분 거리인데, 두 시간이 넘어도 내려오지 않아 찾으러 왔다고 했다. 터벅터벅 뒤따라 내려오는데, 그녀가 말했다.

"얼마 전 건너편 집에 자네처럼 혼자 온 손님이 있었어, 젊은 여자였지, 이틀을 방안에서 나오지 않아 문을 열어보니 약을 먹고 죽어 있는 거야, 자네의 행색을 보고 그 사건이 떠올랐어."

넋 나간 듯 핼쑥한 내 모습에서 불안한 마음을 읽었을까. 갑자기 서러운 마음이 북받쳐 눈물이 나왔다. 죄인처럼 고개를 숙인 채 뒤따라 내려오는데 그녀가 한마디 더했다.

"세상을 살다 보면 좋은 날도 있고, 힘든 날도 있는 거야, 사람은 배신해도 시간은 배신하지 않지, 그렇게 시간을 믿고 살아야 해."

아무런 대꾸도 하지 않았다.

"아직 젊잖아, 시간을 믿어, 힘들 땐 여행도 많이 다니고, 마음 잘 통하는 친구부터 사귀라고."

"……"

세상의 모든 아픔은 시간의 문제일까. 민박집을 나서면서 그 답을 알게 될 때 다시 한번 찾아오겠다는 말을 남기고 돌아왔다.

수십 년이 지난 시간, 그때의 외출이 거짓말처럼 내 삶의 버팀목이 되었다. 살아가면서 부딪히는 상황이 고통스럽고 힘들더라도 지나고 나면 행복한 순간이 될 수도 있고, 추억의 순간도 될 수 있다는 것을….

리더의 확신과 비전

직장 다닐 때 도쿄로 첫 출장을 갔을 때였다. 해외 출장은 대체로 경험자와 함께 가는데, 하필 그날은 일행 세 명이 모두 첫 출장이었다. 업무를 마치고 돌아오는 마지막 날 오전, 우리는 짬을 내어 시내로 쇼핑을 나갔다. 첫 출장은 부서 내 동료의 선물을 사 오는 게 관례였기 때문이다.

비행기는 늦은 오후 시간으로 예약해 두었고, 신주쿠에서 나리타 공항까지 기차 시간도 체크해 두어서 별문제 없으리라 생각했다. 문제는 쇼핑을 마치고 신주쿠역에 도착하고 보니 공항행 기차 시간이 5분밖에 남지 않았다. 우리를 당황하게 한 건 역이 미로처럼 넓고 복잡하다는 것이었다. 지나가는 사람에게 물었더니 좌회전에 우회전에 오르락내리락하여 5분은 가야 한다고 했다. 당황하지 않을 수 없었다. 정확히 이해도 되지 않았고, 더군다나 우리는 캐리어와 쇼핑한 물건까지 가득 들고 있어 움직임이 빠르지 않았다.

다음 기차를 타면 출국 수속에 지장이 있을 것 같았다. 절박한 심정으로 역무원에게 도움을 요청했다. 그는 시계를 흘깃 보더니 따라오라는 말과 함께 달리기 시작했다. 3분, 2분 시간은 줄어드는데, 기차를 타는 곳은 쉽게 보이지 않았다. 끝이 없는 길을 달리는 느낌이었다. 일행 중 한 명이 뒤처지기 시작하더니, 숨을 헐떡거리며 멈춰선 채 손을 내저였다. 아무래도 시간 안에 도착이 어려울 것 같다며 다음 기차를 타자고 했다. 그 순간 역무원은 그의 짐을 빼앗아 들고 다시 뛰기 시작했다. 거침없이 뛰는 그의 모습에서 전철을 탈 수 있을 것이라는 확신이 들었다. 멈춰 섰던 일행도 다시 힘을 내어 뛰었다.

일미를 달렸을까, 앞서 달리던 역무원이 멈춘 곳에 막 출발하려는 한 기차가 보였다. 나리타공항행이있디. 캐리어를 던지다시피 뛰어올랐다. "아리가또, 아리가또…" 역무원에게 연신 감사의 인사를 전하자마자 기차는 출발했다. 온몸이 땀으로 젖어있었다.

돌아오는 비행기 안에서 많은 생각이 들었다. 앞서 달린 역무원의 모습에서 우리는 믿음을 보았기에 무작정 따라 뛰었다. 그 순간만큼 그는 우리에게 진정한 리더였다. 사실 그 짧은 몇 분 동안 온갖 부정적인 생각이 들었다. 그래도 끝까지 포기하지 않았던 것은 확신에 찬 역무원의 행동 때문이었다. 기차를 놓치지 않을 것이라는 확신으로 전력 질주하는 그의 뒷모습이 우리를 포기하지 않게 만든 것이다.

우리는 살아가면서 어려움에 부딪혔을 때 목적을 달성하지 못할 거라는 부정적인 생각이 들 때가 많다. '왜 이런 고생을 사서 하는 거지,' '고생만 하고 결과가 좋지 않으면 어떡하지,' 그런 부정적 사고는 자신은 물론이고 팀을 서서히 무능력자로 만든다. 그럴 때 리더마저 확신이 없는 모습을 보이면 모든 팀원이 목표의 결과를 확신하지 못하고 망설이게 된다. 이런 부정적인 생각을 멈추고 모두가 전력 질주하게 만드는 것이 리더의 확신과 비전이다. 물론 리더가 확신한다고 모든 일이 잘 이루어지는 것은 아니다. 비전이란 팀이 이루고자 하는 궁극적 목표다. 역무원이 그러했듯, 리더는 본인이 힘든 상황에서도 방향성을 제시하고, 자신을 따라오는 사람의 고충을 살피고, 그 짐을 덜어주어야 한다.

무슨 일이든 일을 시작하면 방향성에 대해 고민하게 된다. 중요한 것은 그 방향성의 범위가 궁극적인 목적, 즉 비전의 방향일 때 방향성이 있다고 한다. 급변하는 시대인 만큼 시대에 맞는 방향성도 조금씩 변한다. 모든 조직이 같은 방향성의 리더가 필요한 것은 아니다. 세상이 복잡한 만큼 조직의 형태와 그 조직을 둘러싼 환경도 다양하기 때문이다. 소통과 평등을 말하는 세상이지만, 그런데도 일부의 리더가 조직을 변화시킬 수 있다는 사실을 부정하기는 어렵다.

분명한 것은 오늘날 방향성이 있는 조직은 리더가 앞에서 모범을 보여주지만, 발전 없는 조직의 리더는 뒤에서 폼만 잡고 지시만 한다.

틈

잠결에 한기가 느껴져 잠이 깼다. 봄이 왔다지만, 이제 겨우 경칩이라 새벽 공기가 차다. 보일러가 문제인지, 귀 기울어 보니 잘 돌아간다. 커튼 사이로 바람이 살랑거렸다. 저녁 무렵, 잠시 환기를 했던 창문이 완전히 닫히지 않아 틈이 생겨 있다. 그 틈으로 들어온 찬 공기가 방안을 누비고 있다. 작은 틈의 힘이 새삼 강하게 느껴진다.

창문을 닫고 다시 누웠다. 방안은 금세 훈훈해졌지만, 깨인 잠은 쉽사리 다시 오지 않는다. 현재시간 새벽 5시, 밤과 아침의 틈에서 세상의 수많은 틈을 생각한다. 틈은 '무엇과 무엇의 사이', 또는 '어떤 행동을 할 만한 기회나 겨를'을 뜻한다. 틈의 앞과 뒤, 변화가 있다는 말이다. 변화는 긍정적일 수도 있고 부정적일 수도 있다. 틈으로

물이 새거나, 사람 사이 틈이 생길 때면 틈의 전후는 변화가 존재한다. 그래서 틈은 그 의미를 생각할 때 삶에 전환점이 되는 경우가 많다.

조그마한 틈도 참지 못하는 사람의 불운을 보았다. 주말, 교통량이 꽤 많은 고속도로를 달리고 있었다. 모든 차선이 빈틈없이 차들로 꽉 차 있어 감속도 가속도 할 수 없는 상황이었다. 짐을 가득 실은 트럭이 하필이면 바로 내 앞을 달리고 있었다. 차간거리 50m도 되지 않은 거리였다.

바로 그때였다. 추월차선을 달리던 검은색 승용차 한 대가 트럭과 내 차 사이에 갑자기 끼어들었다. 자신이 달리던 차선이 더 많이 밀린다고 생각했던 모양이다. 그 순간, 뒤차에 받치지 않을 정도의 적당한 감속이 필요했다. 브레이크를 반쯤 밟은 채 비상등을 누르고 뒤쪽 상황을 살폈다. 다행히 뒤차도 긴장하며 달렸던지 충돌은 일어나지 않았다. 입에서 절로 욕이 나올뻔했다.

문제는 그 후에 일어났다. 물과 빛 초의 시간이 지나고 황당한 일이 벌어졌다. 앞서 달리던 트럭 짐칸에서 알 수 없는 물체 하나가 튀어 오르더니 끼어든 승용차의 앞 유리에 떨어졌다. 물체를 흘린 트럭은 상황을 인지 못 한 채 그대로 달렸고, 앞 유리창에 금이 간 승용차는 트럭을 세우려 좌측 차선으로 다시 끼어든 후 트럭을 추월하더니 트럭 앞에서 갑자기 멈춰버렸다. 트럭은 멈춘 승용차와 추돌할 수밖에 없었다. 나는 끼어든 승용차의 위험한 행동에 상황을 사고를 낼 것 같아 차간거리를 넓히던 중이라 연쇄 추돌은 모면했다. 아찔한 순간이었다.

생각해 보면 나로서는 큰 행운이었다. 만일 그 승용차가 끼어들지 않았다면 튀어 오른 물체는 내 차에 떨어졌을 것이다. 나의 불운을 대신해 준 그 차가 고맙기는 했지만, 그 차의 불운은 차마 웃지 못할 일이었다. 단 몇 초의 틈에서 난 사고를 보며, 도로에서 차간거리는 반드시 지켜야 할 틈이라는 것을 다시 한번 느낀 순간이었다.

말과 행동의 틈이 너무 넓은 사람도 있다. 지인 A는 과거 민주화운동을 한 사람으로서 환경운동가로 알려진 사람이다. 그는 평소 논리적이고 합리적이며 진보적 발언을 하는 사람이었다. 그런 모습이 훌륭해 보여 처음엔 좋은 멘토로 생각했었다. 하지만 그의 가족으로부터 집에서는 자기중심적인 독재자이며 손가락 하나 까딱하지 않는 사람이라는 말을 듣고, 처음엔 겸손의 미덕으로 하는 말이겠거니 생각했다.

어느 날 그와 차를 같이 타고 갈 일이 있었다. 운전하던 그가 창밖으로 쓰레기와 피우던 담배꽁초를 던지는 모습을 보고 그를 다시 보지 않을 수 없었다. 심지어 그는 다른 여자와 바람까지 피우고 있었다. 그는 세상의 문제를 분석하는 데는 뛰어났지만, 자기의 삶에는 적용하지 않는 말과 행동의 틈이 너무 넓은 사람이었다.

사람마다 삶의 중요도가 다르기에 사람 간의 틈은 넓을 수 있다. 하지만 말과 행동의 틈이 넓은 사람은 자기 자신을 기만하는 위선자다. 물론 모든 사람에겐 조금의 이중성은 있지만, 대부분 지배적인 성질이 있는 만큼 말과 행동이 크게 다르지는 않다.

한 치의 틈도 허용해서는 안 되는 경우가 있다. 치열한 경쟁의 순간이다. 스포츠에서 수비수가 틈을 보이면 그 틈을 비집고 상대편이 점수를 노린다. 태권도나 유도 같은 격투기에서 빈틈을 주면, 상대 선수가 공격해 온다. 직장의 업무에서 빈틈이 있으면 큰 손실을 초래할 수 있다. 제조공장의 제품도 틈이 있으면 불량품이 된다. 바다를 누비는 배나 하늘을 나는 비행기는 틈이 생기면 가라앉거나 추락하고 만다. 절대 있어서는 안 될 틈이다.

틈이 꼭 필요한 때도 있다. 숨 쉴 틈 없이 바쁜 현대인에겐 휴식이라는 틈이 꼭 필요하다. 잠시 틈을 내 걷는 산책은 긴장과 스트레스를 풀어준다. 만일 우리에게 수면이나 휴식 같은 틈이 없다면 어떨까. 이내 시저 쓰러지고 말 것이다. 틈은 메마르고 각박한 마음에 여유를 주며 지친 몸을 재충전한다. 때로는 아무것도 하지 않는 것도, 때로는 취미생활을 하는 것도 바쁜 삶에 틈을 주는 일이다.

인간뿐만 아니라 모든 생물은 삶과 죽음이라는 시간의 틈에서 산다. 때로는 빈틈없이 강해야 하고, 때로는 틈을 통해 충전해야 한다. 삶에서 겪는 수많은 틈, 때로는 틈을 메우고, 때로는 틈을 헤집으며 우리는 산다. 틈이 많은 엉성한 담장도 틈이 전혀 없는 답답한 담장도 바람의 정도에 따라 무너지기 쉽다. 이렇듯 틈은 상황에 따라 다른 크기가 필요하다. 강풍이 몰아칠 때 유연하게 대처할 수 있는 겨울과 여름 사이의 봄 같은 적당한 틈이면 좋다.

틈이 모여 시간이 되고 인생이 된다. 탁한 공기를 환기하기 위해서는 창문을 열어야 하고, 찬 바람을 막기 위해선 창문은 닫아야 하듯 틈은 막아야 할 때와 열어야 할 때를 잘 알아야 한다. 삼월이 되자 포근한 날이 며칠째 이어지더니 거짓말처럼 새싹이 땅의 틈을 비집고 뾰족뾰족 올라온다. 동면하던 개구리가 겨울과 봄의 틈을 비집고 있는 모양이다.

성형, 개선인가 열등의식인가

"아들! 눈트임 수술해 보는 거, 어때?"

오랜만에 집에 온 아들에게 아내가 느닷없이 묻는다.

"무서워서 싫어요."

무섭다니, 웃음이 나왔다. 경찰이 직업인 아들에게 어울리지 않는 말이었다. 하지만 달리 생각해 보면 고통의 두려움은 경험하지 않은 사람에겐 짐작할 수 없는 일이다. 전혀 경험해 보지 않은 '수술'이란 상대가 인생에 가장 난적으로 보일 수도 있다. 아들은 건강검진을 제외하곤 병원 한 번 가본 적 없는 건강 체질이다. 무서워서 싫다는 말은 아프지 않으면 할 수도 있다는 말이다. 여지가 있는 만큼 시간을 두고 서로 생각해 볼 문제다.

아들은 어릴 때 왕눈이라는 별명을 가졌을 만큼 눈이 컸다.

학창시절 시력이 나빠지면서 안경을 썼고, 안경을 쓴 후부터 눈이 작아 보인다. 그렇다고 평균 이하로 눈이 작아졌거나 평균 이하로 시력이 나빠진 건 아니니 굳이 수술까지 해야 할 필요가 있을까 싶다. 하지만 아내는 아들의 결혼이 늦어진 만큼 외모라도 더 신경 쓰기를 바라는 마음이다.

한 성형외과 의사의 말에 의하면 아이러니하게도 성형하는 사람 대부분은 평균 이상으로 잘생긴 사람이라고 한다. 전문가의 말이니 믿어야 하겠지만, 일반적인 생각으로는 납득가지 않는 말이다. 예쁘거나 잘생겼다는 기준이 수치로 개량된 것은 아니지만, 평균치를 기준으로 한다면 잘생긴 사람과 못생긴 사람의 비율은 반반이어야 한다. 하지만 현실에는 잘생긴 사람이 더 많은 것 같다. 이는 기준이 잘못된 것이 아니라 성형으로 평균 이상으로 만들기 때문이라는 말이다. 그러고 보니 요즘 젊은 사람 중에 못생긴 사람을 찾아보기 힘드니 그 의사의 말이 맞는 것 같다.

과거, 성형의 인식이 좋지 않을 때는 성형을 열등감 때문이라 하여 부정적이었다. 사실 외모는 본인의 의지와는 무관하게 타고 난다. 그래서 고통과 경제적 부담을 감수하면서 현재보다 좋아지려는 것을 비판하는 것은 형평에 맞지 않다. 열심히 공부하여 내면을 업그레이드하는 것도 개선이지만, 고통을 감수하고 외모를 고치는 것도 개선이라 해야 옳다.

그런데 사람들은 대체로 변화를 두려워한다. 익숙한 것에서 벗어나는 불안과 불확실한 결과에 대한 두려움 때문이다. 욕심 없이 현재에 만족하며 사는 것도 하나의 방식이지만, 도전을 포기하는 것은 젊은 세대가 가져서는 안 될 사고다. 두려움과 불안을 극복하지 않으면, 성취의 기회는 오지 않기 때문이다.

변화의 마음을 열등의식으로 볼 것인지, 개선으로 볼 것인가는 스스로 결정할 일이다. 변화의 기회는 우리 삶에서 끊임없이 주어지지만, 많은 사람이 망설인다. 변화가 곧 기회라는 말처럼 우리에게 변화는 발전을 제공하고 더 나은 방향으로 이끌 가능성을 내포한다. 당연히 목표를 이루기 위해서는 변화를 적극적으로 받아들여야 한다. 문제는 지나친 것에 있다.

가끔 연예인들의 과거 사진이 화제가 되는 것을 보면, 그야말로 동일인인지 의심스러울 때가 많다. 병적 요인으로 과하게 문제가 있다면 개선이 필요하지만, 현실은 기가 평균보다 크지 않다고 호르몬 주사를 맞고, 이빨 배열이 고르지 않다고 멀쩡한 이빨을 빼고, 아무 지장 없는 눈꺼풀을 찢고, 콧대를 높이고, 심지어 턱까지 깎아 신이 정한 기준을 인간이 바꾸고 있다. 그렇게 평균값을 자꾸 올리다 보면 서장훈의 키에 코는 피노키오를 닮았고 눈은 부엉이 눈을 가져야만 평균적인 사람이 되는 것은 아닌지….

누구나 현재보다 더 나아지려는 욕망은 있다. 문제는

개선이든 열등의식이든 경쟁으로 생각하면 끝이 없다는 것이다. 그 기준이 내 기준이 아니라 타인의 기준이기 때문이다. 비교 감정은 동전의 양면처럼 우월감과 열등감으로 존재한다. 누군가에게 우월감을 느낀다면 반대로 누군가에게는 열등감도 느끼게 된다.

　내 주변에 성형 경험이 있는 사람은 아직 아무도 없다. 아들이 눈트임 수술을 할지 말지는 아직 알 수 없다. 내게 자문을 구한다면 찬성도 반대도 하지 않을 것이다. 수술이 무서워서 변화를 망설일 필요도 없고, 눈이 작다고 열등감을 가질 필요도 없기 때문이다.

당근

추억의 포크 가수 이수만, 이문세, 유열을 가리켜 '마삼 트리오'라 부른다. 이들이 한 그룹으로 활동한 것도 아닌데, 왜 그렇게 싸잡아 부를까. 엉뚱하게도 얼굴이 말(馬)처럼 길다는 이유로 팬들이 붙인 별명이다.

살아오면서 처음이자 마지막으로 얻은 별명이 '마삼 콰르텟'이었다. 마삼 트리오에 추가 멤버 정도 된다는 말이다. 얼굴 한번 본 적 없는 가수들과 비슷한 별명을 얻은 이유는 나 역시 얼굴이 길어서다. 그들처럼 노래를 잘 불렀으면 좋았을 텐데, 아쉽게도 외모 외엔 닮은 게 하나도 없다. 그래도 난 그 별명이 싫지는 않다. 호쾌하게 달리는 말을 좋아하고, 채소 중에 당근을 가장 좋아하기 때문이다.

세월이 흘러 그 별명은 잊히었지만, 최근 새로운 당근을 좋아하게 되었다. 내가 좋아하게 된 당근은 말이 좋아하는 당근이 아니라 중고마켓 당근이다. 환경문제에 관심을 가지면서 자연스레 당근마켓을 알게 되었다.

당근마켓의 거래 방법은 간단하다. 사는 동네를 인정받고, 거래할 물건 사진과 나눔인지 판매인지 구분만 하면 된다. 판매 시 당사자끼리 절충도 할 수 있다. 필요 없는 물건을 나누는 것부터 시작했다. 첫 거래는 오랫동안 창고에 보관해 온 구형 텔레비전이었다. 올린 지 삼십 분도 되지 않아 문자가 왔다. 주소를 알려주었더니 금세 찾아왔다. 고맙게도 감사의 표시로 빵을 사 왔다.

나눔을 받는 분은 대부분 작은 선물을 들고 온다. 돈을 받고 파는 것보다 오히려 마음이 즐겁다. 간혹, 돈이 되는 일도 아닌데, 왜 당근을 하냐고 묻는 이도 있다. 그럴 때면 안타까운 마음이 든다. 경제적 가치는 물론이고 환경문제를 생각한다면 중고 나눔이나 거래는 당연한 일이지 않을까 싶다. 내겐 필요 없는 물건이 누군가에게 필요하다면 그만큼 효율적인 일이 있을까.

나는 철저한 효율주의자이다. 좋은 말로 효율주의자라 말하지만, 작은 것에 연연하는 좀생이인지 모른다. 어떡하면 입력 대비 출력이 좋을지, 늘 잔머리를 굴린다. 특별한 날을 축하하기 위한 꽃바구니나 꽃다발이 낭비로 여겨지니 좀생이라 하지 않을 수 없다. 복권은 물론이고 증권이나 코인은 꿈도 꾸어본 적 없다. 담배나 술을 하지 않는 것도 같은 맥락이다. 생각하기에 따라 건전한 사람으로 볼 수도 있지만, 취향이 다른 사람에겐 재미없는 사람일 수밖에 없다.

물건 하나를 사더라도 인터넷을 통해 가격과 사용 후기를 확인한다. 그렇게 가성비를 따지게 되면서부터 중고 제품에 눈을 돌리게 되었고, 그러다가 '당근'이라는 앱을 발견했다. 처음엔 온갖 보이스 피싱이 판치는 세상에 낯선 사람을 만나 거래하는 게 문제가 있지 않을까 생각했다. 하지만 이내 효율성과 안전성에서 인터넷 거래보다 당근이 낫다는 걸 알게 되었다.

새해 계획 중, 잘 지켜지지 않는 것 하나가 다이어트 계획이다. 그 말처럼 아내는 해마다 다이어트 계획을 세우지만, 성공하지 못하고 있다. 물만 마셔도 살이 찌는 체질이라고 우기지만, 내가 보기엔 물을 많이 마셔서가 아니라 의지가 약해서이지 싶다. 몸무게가 나이 숫자를 앞질러 가자 대단한 각오를 했는지 러닝머신을 장만했다 하지만 그 역시 오래가지 못했다. 1년도 사용하지 않고, 이번엔 무릎이 아프다며 러닝을 포기했다. 거실에서 공간만 차지한 채 옷걸이가 되어갔다. 결국 당근마켓을 통해 정리하기로 했다.

"구매가 60만 원, 1년 사용, 판매가 20만 원"

기본적인 정보와 실물 사진을 올렸다.

"너무 싸게 내놓은 거 아닌가요, 조금 더 자세한 글로

홍보해 봐요."

큰돈을 벌 것도 아닌데, 아내가 바람을 넣는다. 살 때와 팔 때의 입장은 다르다. 하지만 나는 꼴 보기 싫은 그놈을 한시라도 빨리 정리하고 싶다. 올린 지 얼마 되지 않아 문자가 왔다.

"관심 있는데, 15만 원에 주세요."

금세 마음이 갈대다. 잠시 갈등이 생겼지만, 꾹 참았다.

"음, 안 됩니다. 흠 하나 없는 A급입니다."

"에이, 그래도 흥정하는 맛이 있어야죠."

"죄송합니다. 처음부터 절충은 생각하지 않고 올렸습니다."

"그럼 생각해 보고 연락드릴게요."

성사는 되지 않았지만, 왠지 곧 팔릴 것 같은 마음이 들었다. 대견하지 않으냐는 듯 아내를 바라보았다. 웬걸, 칭찬은커녕 한심하다는 표정으로 한마디 한다.

"직거래는 흥정의 여지를 두고 가격을 정해야지요."

밀당의 스트레스가 싫었지만, 25만 원으로 수정해 다시 올렸다. 아내의 잔소리를 듣지 않기 위한 이유도 있지만, 제품의 상태를 봐서는 충분한 그만한 가치가 있을 것 같아서다.

결국, 러닝머신은 새 주인을 만났다. 또 다른 사람이 25만 원의 가격을 보고 20만 원으로 흥정해 왔다. 아내의 말이 옳았다. 두말없이 거래가 성사되었다. 덩치 푸짐한 사람이 오리라 예상했는데, 군살 하나 보이지 않는 근육질 부부가 트럭을 끌고 왔다. 동작 상태를 확인하더니 바로 가져가겠다고 한다. 시원한 거래에 만 원을 깎아주었다.

"선물하시려나 봐요?"

"아닙니다. 우리가 사용할 겁니다."

"러닝머신이 필요 없는 탄탄한 몸이신데…."

"몸은 유지 관리가 중요합니다. 그동안 사용해 온 게 낡아서요."

살짝 겸연쩍은 마음이 들어, 신고 있는 러닝머신만 바라본다. 옷걸이로만 쓰던 우리보다 기계의 가치를 제대로 보여줄 새로운 주인을 만났으니 잘된 일이 아닌가. 멀찌감치 서서, 떠나는 트럭을 무심히 바라보는 아내의 표정도 씁쓸해 보인다.

세대교체

아침부터 수탉 두 놈이 치고받고 싸운다.

지난해, 시골 오일장에서 분양해 온 병아리 다섯 마리가 어느새 어른 닭이 되었다. 세 마리는 암놈이고, 두 마리가 수놈이다. 수평아리가 수탉으로 자라니 벼슬이 곧고, 몸매도 우람하다.

수탉 한 마리가 암탉 열 마리 이상을 거느리는 게 닭의 본능이다. 암탉이 세 마리뿐이다 보니 수탉 두 마리는 눈만 마주치면 죽기 살기로 싸운다. 날갯짓으로 몸을 부풀린 후, 부리로 상대를 쪼고, 양발로 앞차기를 한다. 패자는 잠시 도망가지만, 다시 기회를 노린다. 허구 한날 싸우더니, 덩치가 조금 더 큰놈이 서열 1위가 되었다. 서열 1위가 되면 걸음걸이부터 달라진다. 군인이 행진하듯 보무도 당당하다.

수탉은 하루에도 수십 번씩 교미한다. 서열 2위도 수컷의 본능이 있다. 성욕을 참을 수 없어 1위가 방심한 틈을 노려 암탉의 등을 탄다. 그럴 때면 서열 1위는 쏜살같이 달려와 2위를 사정없이 쫀다. 수놈들이 싸우는 이유는 암탉을 모두 차지하기 위해서다. 싸움에 밀려 털이 다 빠진 서열 2위, 앙상한 통닭이 되어간다. 황당한 건 주변에 암탉이 없으면 수놈끼리도 서로 소 닭 보듯 한다.

어느 날 암탉 한 마리가 알을 품어 병아리 세 마리를 부화했다. 성장하고 보니 세 마리 중 한 놈이 수탉이다. 서열 3위가 되었다. 서열 1위는 제 자식도 몰라보고, 눈만 마주치면 쪼아댄다. 공포에 떨던 3위는 살 곳이 못 된다고 생각했는지, 자꾸만 닭장을 탈출한다.

고심 끝에 큰 결심을 했다. 닭을 잘 잡는 이웃집 지인에게 주말에 시간을 좀 내달라고 했다. 서열 1위와 2위에게 마지막 특식을 주었다. 아들들에게 전화하여 초복 때 집에 내려오라고 했다. 닭장의 평화를 기대하면서….

2부

금손 똥손

　　김성진 수필집

사회적 관계

동창회 총무에게서 전화가 왔다. 정기모임 장소 예약을 위해 인원을 파악하니, 참석 여부를 알려달라고 한다. 앞서 단체 SNS에 참석 여부를 묻는 게시 글에 답글을 달지 않으니 답답했던 모양이다.

답하지 않았던 이유는 참석을 망설이고 있었기 때문이다. 일분일초가 아까울 정도로 바쁜 시기에 술이나 마시고 잡담이나 나누는 모임은 무의미하다는 생각이 들기 시작했다. 그렇게 참석 횟수가 점점 줄었다. 전화를 받은 후 공지 글을 다시 확인하다가 무언가 끌리는 게 있어 냉큼 참석하겠다고 답했다. 거의 무의식 반응으로 참석을 결정한 이유는 모임 장소가 개인적으로 좋아하는 식당으로 자주 외식을 하던 곳이었기 때문이다.

그날 저녁 총무에게서 다시 문자가 왔다. 예약하려던 식당이 얼마 전 폐업해서 장소를 다른 곳으로 바꾼다는 통보였다. 난감했다. 식당이 바뀌었다고 참석을 번복할 수는 없는 노릇이다. 참 이기적인 내 마음을 알 수 있다. 한편으로는 좋아하는 단골식당의 폐업 소식에 허전한 마음이 들었다. 음식 맛은 물론이고 주인의 친절함까지 합쳐 맛집으로 방송까지 탄 집이 아니던가. 코로나 때도 잘 버텼는데, 경기가 안 좋아도 너무 안 좋은 것인가 싶다. 나 또한, 그 식당을 이용한 지 오래되었다는 생각이 들자, 폐업의 원인에 무관하지 않다는 생각이 들었다.

단골식당 하나가 폐업했는데, 왜 이렇게 마음이 허전할까. 허전하다는 말은 익숙한 공간에 대한 편안함이 사라졌다는 말이다. 아마도 식당을 이용한 만큼의 익숙함이 사라졌기 때문이 아닐까. 어느 장소든 한 번이라도 걸음을 한 곳이라면 장소와 사람 사이에 작은 사회적 인과관계가 성립된다. 식당을 한 번이라도 방문한 사람이라면 식당과 자신 사이에 아주 작은 사회적 인과관계가 성립된다.

세상의 모든 인연에는 무엇과 무엇의 상대적 관계가 있다. 관계란 가깝거나 먼 거리인 공간의 밀집 정도를 말한다. 폐업한 식당 주인과 특별한 인연이나 사연이 있는 것은 아니다. 그렇다고 잊지 못할 추억의 장소도 아니다. 다만 사회적 관계로 오랫동안 눈에 익은 풍경이었을 뿐이다. 허전한 마음이 드는 것은 익숙한 공간에 대한 편안함이 사라졌다는 말이다. 사회적 관계란 살면서 스쳐 지나가는 모든 관계를 말한다. 우리는 밥을 먹기 위해, 취미생활을 위해, 일을 위해, 학업을 위해, 장소와 사람에게 우연적이든 필연적이든 관계를 맺고 산다.

우리는 그 관계를 유지하기 위해 많은 시간과 노력을 투자한다. 현대의 삶은 너무 많은 관계로 지쳐 쓰러질 정도로 변하고 있다. 한편으로 냉정히 생각해 보면 생활에 딱히 필요하지 않은 관계는 의미가 없다. 이기적일 수는 있지만, 사회적 관계는 많은 사람을 아는 것보다 상호 간에 얼마나 도움 되는지가 중요하다. 현대사회는 SNS를 통한 비대면 관계가 많아지고 있다. 다양한 관계가 사회를 이루고 있는 만큼 좋은 관계를 맺기 위해서는 변화에 대한 포용이 필요하다. 무의미한 사회적 관계는 벗어나 간결한 삶을 지향해야 한다. 귀중한 나의 삶인 만큼 에너지를 낭비하지 않는 것이 현명한 삶이다.

달력에 수많은 모임이 표시되어 있나. 얼마나 의미 있는 모임들인지 살펴본다. '정'이라는 단어로 구속해 시간을 빼앗는 것이 대부분이다. 긴 시간 쌓아온 정을 허무하게 무너뜨릴 수는 없다는 생각에 쉽게 정리하지 못해왔다. 의미 없는 사회적 관계는 술친구 이상도 이하도 아니다. 만약 자신의 역량 부족으로 사회적 관계를 형성하는 것에 급급하다면 자신의 역량을 끌어올리는 것이 옳은 만큼 억지 관계는 피하는 게 좋다.

앨빈 토플러는 『제3의 물결』에서 미래는 정보화 시대가 될 것이라 했다. 그로 인해 재택근무가 일반화되어 도시를 떠나 자연 속에서 작은 집을 짓고 살 거라고 했다. 결국, 사람 간의 거리두기가 일반화될 것이라는 말이다. 벌써 그런 시대가 왔다고 할 수는 없지만, 언젠가는 그런 시대가 올 것이 분명하다.

전쟁, 재해, 갈등도 인간의 과도한 관계 때문이다. 이에 자연이 제동을 걸고 있다. 이상기후와 자연재해가 바로 그것이다. 우리는 그 제동에 반응해야 한다. 인간의 과한 교류도, 과한 거리 두기도 곧 인류의 멸망을 뜻한다. 적당한 사회적 관계를 유지한다는 건 참 어려운 일이다. 사람은 사람을 만나고 교류해야 생존하고 발전한다. 다만 지금은 그 조절이 필요한 시기다. 비록 사람 간의 간격이 넓어지고 공간의 밀도가 달라지는 사회로 재편되겠지만, 서로의 만남이 영원히 없어져서는 안 된다. 이 또한 자연과 인간의 사회적 관계이기 때문이다.

어느 날 그 식당 앞을 지나가는데, 유리창에 붙어있던 현수막이 제거되어 있다. 인테리어 업자가 권측으로 내부를 측량하고 있다. 무슨 업종이 들어올지, 부디 오랫동안 영업을 이어갔으면 좋겠다.

창고를 비우면서

주말 아침, 정원을 바라본다. 꽃으로만 가득해야 할 화단에 잡초가 영토를 확장하고 있다. 정원을 잘 가꾸겠다는 다짐은 아내의 다이어트 계획처럼 잘 이루어지지 않는다. 의욕과 게으름이 길등을 일으킨다. 창고 정리부터 정원 잡초 제거까지 주말이면 할 일이 산더미다. 생활공간을 넓힌 게 후회되는 순간이다. 자신이 선택한 욕심과 허세가 만든 결과이니 누구를 원망하랴.

전원생활 7년째, 이렇게 게으름을 피운 적은 한 번도 없다. 바쁘다고 말하면 행복한 고민이라고 하겠지만, 감당하기 힘든 바쁨은 고통이 된다. 군이 반성하자면 능력을 생각하지 않고 많은 일을 벌인 욕심 때문이다.

사실, 나이를 생각할 때 지금은 미니멀 라이프가 필요한 시기다. 꼭 필요한 것만 소유함으로 삶의 중요한 부분에 집중하여 여유를 가져야 한다. 물건뿐만 아니라 일 자체도 마찬가지다. 좋은 직장, 고급 자동차, 넓은 집에서 산다고 해서 꼭 행복하지 않듯, 쉬지 않고 일해서 더 많은 것을 가지더라 스트레스가 더 크다면 무슨 의미가 있을까.

그렇지 않다고 자신 있게 말해왔지만, 주변을 둘러보면 생각보단 참 많은 욕심을 가지고 살고 있다. 일이든 물건이든 꼭 필요해서 가진 것도 있지만, 욕심으로 가진 것도 많다. 그런 욕심은 결국 스트레스만 가져왔다. 이제 자신을 위해 하나하나 비울까 하지만 쉽지는 않다.

이번 주는 우리 집에서 가장 복잡한 창고부터 비우기로 했다. 창고 문을 활짝 열어젖히니 필요 없는 것이 너무 많다. 쓰다 남은 페인트 통, 오래된 솜이불, 날개 부러진 선풍기 등 온갖 잡동사니다. 별생각 없이 오랫동안 보관해 둔 물건들이다. 하나씩 꺼내며 보관해 둔 이유를 생각해 본다. 살 때는 분명 이유가 있었지만, 지금은 필요 없는 것이 많다. 버리지 못한 이유조차 모르는 것도 있다. 심지어 있는지조차 몰랐던 것도 있다. 괜한 의미 부여로 버리지 못한 것이 대부분이다.

의미 없는 짓인 줄 알지만, 사지 않았더라면 얼마의 돈이 절약되었을까, 쓸데없는 계산을 해본다. 괜히 사서 돈만 날린 것도 많다. 소유함으로써 상실해야만 했던 많은 것을 떠올린다. 어쩌면 그때로 되돌아간다 해도 같은 이유로 다시 물건을 사게 될지 모른다. 지금이야 쓸모없어도 그때는 사야 했던 이유가 분명히 있었다. 결과적으로 쓸모없음을 알기 위해서는 시간이 필요했다. 시간도 돈도 낭비했지만, 곰곰이 생각해 보면 잃기만 한 건 아니기도 하다. 버려야 채워진다는 소비에 대한 가치관이 섰다.

모두 끄집어내니 작은 트럭에 한 트럭은 되어 보인다. 버릴 기준은 일 년 이상 사용하지 않은 것으로 정하고, 다른 사람에게 필요한 물건은 당근마켓에 올려 나눔을 하기로 하고, 나머지는 종류별로 분리해 분리수거장으로 가져갔다. 창고가 광장처럼 넓어졌다. '마음의 여백이 없어서 인생을 쫓기듯 살았다,'는 '여백'이라는 노래가 떠올랐다.

벽면엔 시화(詩畫)를 걸고 선반의 여유 공간엔 수석(壽石)을 연출했다. 고물 창고가 보물창고로 바뀌었다. 온갖 쓸모없는 고물로 가득 차 있던 곳이 예쁜 취미 공간으로 변했다. 공간이 변하는 만큼 나도 변한다. 가끔 창고에 앉아 묵상한다. 그럴 때면 창고가 나만의 우주리는 생각이 든다. 우주선을 타고 우주를 둥둥 떠다닌다. 이런 상상도 '소확행'이 아닐까.

흔히 나이는 숫자에 불과하다고 말하지만, 그랬으면 하는 희망일 뿐이다. 나이 들어갈수록 점점 단순해질 필요가 있다. 육체와 정신적 힘이 줄어드는데, 활동을 줄이지 않는 것은 욕심이다. 즐기면서 할 수 있는 활동 범위를 통해 최대의 효율성을 끌어내는 지혜가 필요하다. 불필요한 물건,

불필요한 만남, 불필요한 격식을 없애야 진정 내 시간과 공간이 넓어진다. 이른바 미니멀 라이프가 되어야 피로가 줄고 행복은 커진다.

꼭 가야만 하는 경조사만 가기, 의미 없는 모임 줄이기, 불필요한 약속 만들지 않기, 불필요한 물건 없애기를 통해 에너지 소비를 최소화하고 남는 시간을 활용하여 나를 돌보아야 한다. 여기서 줄이는 것을 없애는 것으로 이해하면 아주 곤란하다. 외톨이가 되어 오히려 아무런 낙이 없는 삶이 되어 에너지를 과하게 소비할 때보다 더 나쁜 결과를 가져온다. 몸이나 정신에 무리 가지 않을 정도의 활동은 꼭 필요하다.

식사도 소박한 밥상이 최고다. 예부터 밥 먹었는지 묻는 말이 안부 인사이듯, 먹는 것을 중하게 여긴 우리나라 사람들은 과식은 물론이고 맵고 짠 음식을 많이 먹어왔다. 이는 건강을 해치는 원인이 되었다. 소박한 밥상이 나이 들어가면서 지향해야 할 식사 습관이다.

검소한 생활로 삶의 범위를 줄일 필요가 있다. 움켜쥐려고만 했던 욕심을 비우고 나눔으로 베푸는 삶을 살아야 한다. 그렇다고 무조건 비우는 생활이 미니멀 라이프는 아니다. 텔레비전이나 소파가 없다고 해서 더 검소한 생활은 아니다. 누가 더 물건이 적은가로 따지는 것이 아니라 각자의 생활에 맞는 미니멀 라이프를 살아야 한다. 사람마다 생활방식이 다른 만큼 꼭 필요한 것은 유지한 채, 작은 것에 감사한 마음으로 사는 것, 물건에 지배당하지 않고 일에서 더 보람을 느끼는 것, 없는 것에 욕심내지 않고 있는 것에 감사하는 것, 이런 삶이 아름다운 삶이라고 생각하면서.

금손 똥손

둠벙의 개구리가 요란한 걸 보니 영락없는 경칩이다. 아침마다 지붕을 뒤덮던 서리도 보이지 않는다. 정원의 화단에는 노란 수선화가 어느새 머리를 디밀고 있다. 농로 입구마다 퇴비가 가득 쌓여 있는 것도 이즈음의 시골 풍경이다. 조그마한 텃밭에 자급자족을 꿈꾸고 있는 만큼 나도 슬슬 농사 준비를 해야 하나 보다.

귀촌 후 6년째 텃밭은 나의 놀이터가 되었다. 텃밭이라 해봐야 국유지를 임대한 한 마지기 정도가 전부다. 다른 업을 겸하고 있으니 귀농은 아니고 귀촌이다. 평소 자연을 동경해 온 터라 흙을 만지는 일이 그렇게 즐거울 수가 없다. 농사가 직업인 사람들에겐 한가로운 소리로 들리겠지만, 도시 생활에 찌든 사람에겐 로망이기도 하다. 하지만 마음과는 달리 나는 농사에 소질이 없는 것 같다. 어떻게 된 일인지, 같은 날 같은 종자로 같은 장소에 심었는데 다른 이보다 성장도 늦고 수확도 적으니 말이다. 아무래도 내 텃밭 농사의 스승은 인터넷이 9할이다 보니 실수가 잦다.

봄이 오면 겨우내 얼어붙었던 밭을 갈고 농사 준비를 한다. 작은 텃밭이지만 자급자족을 꿈꾸는 만큼 온갖 작물을 심는다. 그중 고추가 절반을 차지한다. 하지만 고추 농사는 내게 계륵 같은 존재다. 가장 필요하지만 가장 힘든 농사이기 때문이다. 사실 투자 대비 수확을 생각한다면 어떤 작물이든 남는 게 없다. 그나마 고추가 몸으로 때우는 비중이 높아 적자가 적을 뿐이다.

한국인의 음식에 고추가 들어가지 않는 음식이 어디 있을까. 고춧가루는 한국인의 음식에 필수 양념이 된 지 오래다. 입맛 없는 여름날 된장에 찍어 먹는 풋고추도 포기할 수 없는 맛이다. 아삭하면 아삭한 대로 알싸하면 알싸한 대로 입맛을 돋운다. 뙤약볕이 내리쬐는 여름이면 발갛게 잘 익은 고추를 수확하는 기쁨은 온몸이 땀으로 젖는 것도 잊게 한다.

영산홍이 정원을 붉게 물들이는 4월 마지막 주말, 각종 모종을 심는 날이다. 모종은 자라는 키순으로 심는다. 키가 큰 옥수수를 맨 뒤로 하고 고추, 오이, 토마토, 가지 등을 심고, 앞쪽으로 쌈 채소와 바닥을 기는 호박, 수박, 참외 등을 심는다. 예전 같으면 종일 걸리던 모종 심기가 6년쯤

하고 보니 제법 숙련되어 오전 중에 모두 끝났다.

점심을 먹고 고추지지대를 세우기 위해 올라온 아내가 텃밭을 둘러보더니 큰 소리로 부른다.

"아니 여보, 일반고추와 청양고추를 붙여 심어놓으면 어떡해요!"

"왜? 고추는 고추끼리 심어야 깔끔하고 보기 좋지 않나?"

"그러면 일반고추가 너무 매워져요."

일반고추와 청양고추를 붙여 심으면 일반고추가 매워진다는 아내의 말이다. 좋은 친구를 사귀라는 뜻으로 그 친구를 보면 그 사람을 안다는 말은 들어보았지만, 한갓 식물인 고추가 무슨 감정이 있어 이웃에 따라 맛이 바뀔까. 말도 되지 않는 소리라는 내게 휴대폰으로 지식 정보 하나를 검색해 보여준다.

타화수정과 자화수정에 관한 것이다. 꽃이 피는 식물은 대체로 같은 꽃으로부터 화분을 받아 수정한다. 이를 자화수정이라고 한다. 다른 나무의 꽃에서 꽃가루를 받아 수정하는 타화수정이 이루어지면 크기나 맛이 원래의 성질이 아닌 다른 성질로 바뀐다. 애호박과 단호박을 곁에 심거나 종자가 다른 옥수수를 이웃에 심으면 간혹 다른 형태의 열매가 맺히기도 한다. 고추 역시 마찬가지다. 그나마 같은 나무의 꽃이 아니더라도 같은 종류의 꽃에서 수정이 이루어지면 성질에 큰 변화가 없지만, 성질이 다른 종류끼리 수정이 이루어지면 크기나 맛이 달라진다는 이론이다.

아내는 청양고추를 다른 곳으로 옮기자고 했지만, 나는 그대로 두자고 했다. 지식정보처럼 원하지 않는 크기와 맛이 나올 수도 있겠지만, 어디 그것이 나쁜 결과일까. 품종 개량이라는 이유로 의도적 교차 수정도 하지 않던가. 아내에게 우리 아이들을 보라며, 성질 급한 나와 느긋한 당신 사이에 적당히 빠르기도 하고 여유 있기도 한 품질 좋은 아이들이 나왔지 않느냐고 하니 아내가 웃는다. 아무튼, 수정의 선택권은 벌과 바람에 맡기기로 했다.

속담에 콩 심은 데 콩 나고 팥 심은 데 팥 난다는 말이 있다. 꼭 맞는 말은 아닌 것 같다. 콩 심은 데 콩 안 열리고 팥 심은 데 잡초만 나기도 한다. 풋고추가 주렁주렁 열리기 시작하는 초여름, 지난가을에 심은 마늘밭의 종을 뽑는 날이다.

"당신은 똥손이야."

마늘종을 뽑던 아내의 조크에 할 말이 없다. 이네가 심은 마늘은 튼실하게 잘 컸는데, 내가 심은 마늘은 겨울을 나지 못하고 절반이나 죽었다. 하물며 좋은 종자는 내가 골라 심지 않았던가. 퇴비나 비료는 물론이고 약이나 물까지 똑같이 주었는데, 귀신이 곡할 노릇이다. 평생을 농사로 살아온 이웃 할머니께 여쭈었더니, 종자를 얇게 묻어서 그렇다고 한다. 모든 농작물은 씨앗 크기에 비례하여 깊이를 달리해야 한다고 했다. 마늘처럼 종자가 큰 알뿌리식물은 깊게 심어야 얼어 죽지 않는다고 했다. 미처 생각하지 못한 또 한 가지를 배운다.

텃밭 농사 6년이면 웬만한 농사는 프로가 되지 않았냐고 묻는 사람도 있다. 해가 갈수록 텃밭 농사가 어렵게 느껴진다. 몰라서 어려운 게 아니라 정보가 늘다 보니 더 어렵다. 그나마 모르는 것은 배우면 되지만 그보다 나를 더 힘들게 하는 것은 따로 있다. 대농이 아니면 농민 취급도 하지 않는 정부 정책이다. 소농은 모종 하나부터 퇴비까지 두 배 이상 경비가 든다. '농업경영체' 등록이 안 되기 때문이다. 농사도 부자만 지을 수 있으니 뿌린 만큼 거둔다는 말은 옛말일 뿐이다. 대농들에게 퇴비며 비료를 부탁할 때마다 고민하게 된다. 계속 텃밭 농사를 지어야 할지를.

자유로운 삶을 이루는데 농사만큼 좋은 것이 없다는 게 아직은 내 신념이다. 열정이나 신념 말고는 가진 게 없다. 흙이 좋고 산이 좋아 도시를 떠나왔지만, 제도권 밖이니 늘 이방인이다. 그래도 도시로 돌아가고 싶지는 않다. 어쩔 수 없이 돌아간다면 그것은 비극이 아닐 수 없다.

흙을 더듬어 잡초를 뽑는다. 쪽파 옆에 바랭이도 작물인 양 태연히 자라고 있다. 맨손으로 뽑으려니 뽑히지 않는다. 뿌리가 온 힘을 다해 땅을 움켜쥐고 있다. 풀 하나의 생명력이 이렇게 강한 것을 보니, 나 자신이 부끄러워진다. 인간의 마음에는 자연에서만 채울 수 있는 공간이 있는 것 같다. 나는 끝까지 땀과 땅을 믿으려 한다. 다시 세월이 한 6년쯤 흘러도 여전히 이 자리에 있기를 바라며.

사직서를 내고

그날만큼은 다르게 보였다.

핸드백을 머리에 대고 햇볕을 가리는 아가씨, 점멸하는 녹색 신호등을 바라보며 빠른 걸음으로 횡단보도를 건너는 청년, 택시에서 허겁지겁 내리며 지갑을 여는 중년, 테이블 위로 의자를 올리며 청소하는 길 건너 식당 종업원 모습까지…. 평소와 다를 것 없는 회사 앞 아침 풍경이었지만, 그날만큼은 느낌이 달랐다. 따지고 보면 달라진 것은 풍경이 아니라 내 마음이 분명한데.

어떻게 하면 소신대로 일할 수 있을까, 퇴사해서 다른 길을 찾으면 될까. 이렇게 억지로 버티기만 한다면 아무것도 변하지 않는다. 내 인생에서 지우고 새로 쓰고 싶은 시간이다. 그래서 나는 떠난다. 새로운 나의 이야기를 찾아서, 약간의 걱정은 안고 있지만, 타인의 뜻에 의해서만 움직이는 꼭두각시 인생이 아니라 내 인생을 찾기 위해서 나는 사직서를 던진다.

벌써 15년이 지난 일이다. 20년 가까이 다닌 직장을 그만두면서 일기장에 퇴사의 변을 그렇게 적었다. 학연이나 지연도 아닌 특정 군부대 출신만이 승진이 보장되고, 능력도 인정받는 황당한 곳이었다. 그렇다고 그 부대가 다른 부대보다 특별하거나 강한 부대도 아니다. 최고 경영자가 나온 부대일 뿐이다.

어쩌면 퇴사의 변이 무능력자의 핑계일지도 모른다. 입사하자마자 그런 문화가 깊게 형성되어 있는 것을 알게 되었을 때, 잘못된 문화를 타파하거나 이겨낼 능력이 되지 않는다면 일찍 벗어나야 했다. 그러지 못하고 20여 년을 끌었으니 무능력자의 핑계가 맞다.

드물지만 해당 부대 출신이 아닌 자가 인정받는 경우도 아주 가끔 있었다. 그들의 경쟁력은 바로 카리스마라고 자칭하는 독선과 현란한 화술 그리고 철저히 상사의 의도로만 움직이는 상명하복의 자세였다. 어쩌면 그들은 무능한 특정 군 출신보다 더 나쁜 위선자들이다. 자신의 출세만을 위해 누구든지 잔인하게 짓밟는다. 내겐 그런 카리스마도 화려한 말주변도 없다. 더 버티는 건 나에 대한 학대였다.

상사는 자신의 지시를 거부하는 나를 무능력으로

평가했지만, 나는 오히려 근거 없는 그들의 지시가 무능력으로 보였다. 건방진 생각이었지만, 불을 보듯 뻔한 잘못된 지시에는 절대 따르지 않았다. 능력이 없는 것과 능력을 보이지 않는 것은 결과적으로 차이는 없다. 나는 그렇게 스스로 무능력자가 되어갔다.

우유부단한 성격에 어디서 용기가 났을까. 목표도 없고, 무엇보다 비전 없는 회사라고 확신 들었을 때, 계속 몸담는 것은 시간 낭비 같았다. 물론 고민 없이 단박에 결정한 것은 아니다. 입 밖으로 퇴사하겠다는 말을 뱉은 후부터 돌이킬 수 없는 사실이 되었다. 물론 형식적인 상사의 만류는 있었지만, 기다린 것이 아닌지 의심될 정도로 무섭게 빨리 사직은 처리되었다. 아마도 회사는 내게 더 양분을 뽑아낼 수 없다고 판단했을 것이다. 아쉬울 게 없다는 회사의 태도는 사직 결정을 잘하였다는 것을 입증해 주었다. 이렇게 쉬운 게 퇴사였구나, 그동안 혼자 마음고생하며 참은 게 억울하고 공허했다. 사직을 신청한 사람은 나인데, 사직을 당한 느낌이 드는 꺼림칙한 기분은 지울 수 없었다.

마지막 근무를 마치고 그렇게 나는 백수가 되었다. 가진 재주라곤 컴퓨터밖에 없다 보니 컴퓨터 관련 사업을 하기 위해 이리저리 시장조사를 하고 있을 때였다. 낯선 번호의 전화가 왔다. 다녔던 회사의 협력 업체였다. 용건은 간단하고 명료했다.

"퇴사하셨다고 들었습니다. 통화 괜찮으신가요?"

"아, 네!"

"한 회사에서 20년이나 근무했는데 아쉽지 않나요?"

"아쉬움이 없다면 거짓말이겠지요."

"그렇군요. 앞으로 할 일은 결정한 상태인가요?"

"아직이지만 자영업을 검토 중입니다."

"그렇다면 저희와 같이 일해 볼 생각은 없으신지요? 조건은 충분히 배려해 드리겠습니다."

"죄송합니다. 직장 생활은 전혀 고려하고 있지 않습니다."

제의에 잠시 솔깃했지만, 단박에 거절했다. 직장이란, 소신과 주관을 배제하는 곳이라 생각했기 때문에 더는 로봇 같은 생활은 하고 싶지 않았다. 통화를 종료하는 순간 목이 메었다. 다녔던 회사에서는 단 한 번의 면담도 없었는데, 협력사에서 걱정해 주며 스카우트 제의까지 해 준 것에 감격했던 것 같다. 솔직히 마지막 근무일까지 무엇을 해야 할지 아무런 대책은 없었다.

독불장군은 오래가지 못한다. 카리스마도 무용지물이 된다. 모래로 만든 성은 결국 무너지게 되어 있다. 군부대 인맥으로 밀고 당기던 회사는 비리와 부정으로 와르르 무너져 내렸다. 서로서로 적을 만든 결과, 결정적일 때 그들의 편은 아무도 없었다. 그 무리는 전멸하고 대기업에 버금갔던 회사는 지금 겨우 존립만 유지하고 있다.

어느 회사든지 직원 이직률이 높은 경우 그 이유가 무엇인지 조사한다. 문제는 조사의 신뢰성이 중요하다. 한

대기업 인사 부서에서 퇴사 일 년이 지난 사람들을 대상으로
재조사했더니, 사직서에 기록된 이유와 실제 이유가
대부분 일치하지 않았다고 한다. 사직서에는 약속이라도
한 듯 개인 사정, 건강 등 형식적으로 적는다. 퇴사하는
마당에 진짜 이유를 적을 이유가 없다. 직장에서도 나가는
사람에게서 좋은 정보를 기대하지 않다 보니 이유를 자세히
묻지 않는다. 결국, 사직서의 통계로는 실제 어떤 고민과
어려움이 있었는지 전혀 알 수 없다.

그나마 솔직하게 적은 것이라면 '적성에 맞지 않아서'라는
말이 아닐까. 나랑 맞는 일이라고 생각했는데, 막상 해보니
맞지 않다는 말이다. 그 말에는 사실 숨은 뜻이 두 가지다.
하나는 내가 잘한다고 생각한 것이 기준이 달라 잘하는 게
아니고, 두 번째는 잘하고 싶은데 권한을 주지 않아서이다.
두 경우 모두 개인의 문제가 아니라 조직의 문제이다.
회사나 상사가 방향을 잘못 알려주었거나 잘할 수 있는 길을
막고 있다. 우리는 자율권이 없는 일을 자신과 적성이 맞지
않았다고 한다. 각각의 방법으로 일을 한다면 얼마든지 좋은
결과를 내어 유능한 핵심 인재로 성장할 수 있는데, 제대로
일을 해보지도 못한 채 무능력자로 취급받는 것은 안타까운
일이다. 어쩌겠는가, 서로 맞지 않은 것을.

스승은 있다

책 한 권이 눈에 들어왔다. 노란색 표지에 "좋은 선생도 없고 선생 운도 없는 당신에게 스승은 있다"는 글이 표지에 쓰여 있다. 그런 듯 아닌 듯 모호한 문구에 호기심이 생겨 집이 들었다. 사제관계는 어떤 특별한 지식이나 기술을 가르치기 위해서 시작된다고 생각하지만, 사실은 어떤 착시나 오해에서 시작된다는 글이 눈에 들어왔다. 스승에 대해 아무도 알지 못하는 것을 나만 안다고 생각하는 오해에서 사제관계는 시작된다고 말한다. 배움은 사실 가르치는 자에 의해서 이루어지는 것이 아니라 오히려 배우는 자신에 의해 결정된다는 내용이다.

지난 월요일은 스승의 날이었다. '스승'의 사전적 의미는 자기를 가르쳐 이끌어 준 사람이다. 필자는 학교생활

중에 '스승'이라고 느낀 선생님이 없었다. 공부를 특별히 잘 하지도 않았고 활동적이지도 않은 이유도 있었지만, 일부 선생님에게서 트라우마가 된 부당한 일을 두어 번 당해서였다. 그 또한 내 인생이기에 지금은 가슴에 접어두었다. 대학 다닐 때도 교수님들에 대한 존경심은 크진 않았다. 성적은 탑을 유지했지만, 대학은 모든 일을 스스로 판단하는 곳이기에 교수님들과는 수업 시간에만 잠깐 보는 사무적 관계일 뿐이었다.

졸업한 지 15년쯤 된 어느 날이었다. 한 커피숍에서 우연히 대학 때 전공과목의 한 교수님을 만났다. 갑자기 마주해 얼굴은 기억났지만, 이름은 기억나지 않았다. 인사를 드려야 할지 잠시 고민하고 있는데, 웃으며 다가와 먼저 인사를 해오는 게 아닌가. 심지어 내 이름은 물론이고 어느 직장에서 무엇을 하는지조차 알고 있었다. 기억 못 할 거란 생각에 인사해야 할지 고민하고 있었는데, 이름은 물론 근황까지 알고 있어서 깜짝 놀랐다.

자랑스러운 제자라는 이유로 기억하고 있다고 했다. 그래도 졸업한 지 15년이 지났고 교수님들과 특별히 친하지도 않았는데도 나를 기억한다는 것은 정말 고마운 일이었다. 잘 다니는지 묻는 말에 죄송한 마음이 들었다. 구조조정이 한창일 때라 직장을 그만두려고 심각하게 고민하고 있을 무렵이었기 때문이었다.

사실 대학도 직장도 이공계가 적성에 맞지 않아 늘

불만이었다. 문과 출신은 취업 문이 좁아 졸업 후 전공과 다른 진로를 선택하는 경우가 많지만, 이공계 출신이 다른 선택을 하는 경우는 드물다. 그렇다고 전공을 버릴 만큼 구체적인 다른 꿈을 가지고 있지도 않았고, 나이 또한 마흔을 넘긴 나이였다. 교수님은 적성에 맞지 않는다면 마흔 아니라 예순이라도 자신이 하고 싶은 것을 찾는 게 옳다고 했다. 머리가 좋아 어떤 일을 해도 잘할 거라고 듣기 좋은 말씀을 하셨을 땐 직장에서 인정받지 못하고 있는 현실이 못내 부끄러웠다. 인생은 '모 아니면 도'라는 이분법이 아니라는 말씀도 덧붙였다. 일반적으로 어려운 사회 현실을 들먹이며 퇴사를 만류하는 경우가 대부분인데, 교수님은 그렇지 않았다.

그랬다. 그 후로 다시 많은 시간이 흐른 뒤, 늦은 나이에도 정말 하고 싶은 공부를 다시 했다. 그것이 문학 공부다. 비록 예전보단 수입은 적지만, 글을 쓰는 일과 책을 만드는 일을 하고 있다. 하루하루 시간이 아까울 정도로 재미있다. 고맙게도 예전 전공인 컴퓨터 능력이 많은 도움을 준다. 컴퓨터 일을 할 때는 주위 대부분이 컴퓨터를 잘하는 사람이었지만, 글을 쓰고 책을 만드는 일에는 컴퓨터를 잘 다루는 사람이 많지 않다. 그러다 보니 능력보다 훨씬 크게 인정받는다.

생각해 보면 '스승'이란 꼭 학교 다닐 때 지식을 가르친 분만이 아니다. 어떤 상황, 어떤 누구에게라도 깨우침을 주었다면 스승이라 할 수 있다. 친구와 대화 도중 느낀 것이 있다면 그 친구가 스승이 되어 감사한 마음이 들 수도 있다. 삶의 모든 것에 스승은 있다는 것이다. 그처럼 스승이란, 내게 새로운 가치를 알게 해준 사람이다. 스승의 날을 맞아 내게 세상의 새로운 가치를 깨닫게 해준 모든 스승에게 감사의 마음을 전한다.

어른을 생각하다

팔순 어른이 칠순 어른에게 호통친다. 검토해 볼 만한 일인데, 어른 값을 하는 모양이다. 나름 야심 차게 내놓은 안건이 아니었던가. 칠순 어른은 전체 의견을 물어보지도 못하고 슬금슬금 거둬들인다. 어른이 반대하니 어쩔 수 없다. 사람 좋은 그의 어깨가 축 늘어진다. 그도 나름 어른인데, 더 묶은 어른이 전통을 지키자며 고집한다. 한 문학회 회의 풍경이다.

세상은 바뀌고 있는데, 어른의 시간은 흐르지 않는다. 단체마다 나이가 많거나 먼저 시작한 선배라는 이유로 어른 값을 하려는 사람이 있다. 좋은 말로 어른 값이지 꼰대 행세다. 어른의 개념이 어떤 일에 접한 시간의 총량이라면 좋은 어른과 그렇지 못한 어른은 어떻게 나누어야 할까.

시간의 총량이 많은 어른은 어른이 되려고 노력은 하는
것일까. 오히려 후배를 괴롭히며 꼰대 행세를 해오지는
않았는지 생각해 볼 필요가 있다.

  일상의 세세한 부분을 포착해 삶의 미묘한 페이소스를
끌어내는 영화를 좋아한다. 그런 영화를 잘 만드는 감독으로
일본의 '고레에다 히로카즈' 감독을 꼽을 수 있다. 그의 작품
중 '태풍이 지나가고'를 인터넷으로 보았다. 사실 이 영화는
오래전 이미 본 영화다. 한 번 본 영화를 다시 보는 경우는
드물지만, 처음 봤을 때 '어른'에 대해 새로운 사유를 가지게
해준 기억이 있어 우연히 마주한 영상을 다시 보았다.
줄거리는 대략 이랬다.
  주인공은 아버지 유품을 몰래 전당포에 맡기고 그 돈을
도박으로 모두 날린다. 이혼한 아내와의 약속도 삶의
우선순위에 밀려 매번 어긴다. 아들에게 신발을 사주기
위해 매장의 신발을 일부러 흠집 내고 가격을 흥정하기도
한다. 그의 직장 흥신소 대표는 직원들에겐 따뜻하지만,
의뢰인들에겐 일을 부풀려 더 많은 돈을 뜯어낸다. 직원은
그런 대표를 속여 중간에 돈을 가로채기도 한다. 영화에서
가장 어른스러운 주인공의 어머니조차 아무도 보지 않을 땐
쓰레기를 아무 곳에 버리기도 한다. 아이러니하게 어른의
모습은 모순덩어리다.
  인간이란 완전히 '선'하지도, '악'하지도 않다는 것을

말한다. 여기에는 '선'뿐만 아니라 적당한 '악'도 포용하려는 제작자의 넉넉한 관용도 깔려 있다. 사소한 악을 기꺼이 수용했듯 우리의 일반적인 관념에서 패배자라고 부르는 인물들도 사회 일원으로 끌어안으려는 감독의 의도도 보인다.

성공한 어른, 존경받는 어른이 되는 것을 목표로 사는 세상에서 이런 메시지는 많은 의미가 있다. 모두가 꿈을 이루지 못하고 있는 현실에 주목하고, 설령 되고 싶은 어른이 되지 못하더라도 괜찮다고 위로한다. 실제로 이 영화의 시나리오를 쓰기 전 감독은 첫 장에 이런 문장을 썼다. "모두가 꿈꾸는 어른이 되는 것은 아니다." 그리고 그 문장을 의식이라도 하듯 영화에 이런 대사도 함께 끼워 넣었다. "어쨌든, 누군가에게 도움이 되고 있어." 영화 속에서 여전히 과거의 영광을 좇는 한심한 아들을 향해 던진 어머니의 다정한 위로 말이다.

주인공은 아버지를 닮고 싶지 않았다. 하지만 어른이 되어보니 주인공은 아버지와 똑같은 무능한 사람이 되어있다. 물론, 주인공의 아버지도 그런 아버지가 되고 싶지는 않았을 것이다. 많은 사람이 자신만큼은 성공한 어른이 되고 싶어 하지만, 의식을 크게 바꾸지 않는 이상 결과는 별반 다르지 않다.

나이가 더해지고 사회적 지위가 올라갈수록 주장이 강해지고, 대접을 바라는 경향이 있다. 왜 그럴까.

매너리즘에 빠져 어른이 되었어도 좋은 어른이 되려고 노력하지 않기 때문이다. 우리나라 사람은 어른의 정의를 나이 개념으로 생각하는 사람이 많다. 하지만 나이를 먹는다고 모두 어른이라 말할 수는 없다. 물론 과거엔 나이 많다는 이유만으로 무조건 공경하던 시절도 있었다. 살아온 만큼 경험과 지식이 많다는 이유에서다. 시대는 바뀌어 경험과 지식은 나이와는 전혀 비례하지 않는다. 농경시대보다 평균 수명도 두 배 이상 늘었으므로 노인의 기준도 달라져야 한다. 나이 많다는 이유만으로 어른 대접받는 시대는 지나갔다. 꼭 그렇지는 않지만, 오히려 나이는 쇠퇴를 의미하는 말이다.

얼마 전 한 방송국의 다큐멘터리 '어른 김장하'가 대단한 반향을 일으켰다. 진주 사람이라면 그 어른을 모르는 사람이 없다. 감히 흉내 낼 수 없는 노블레스 오블리주를 실천한 선생님의 삶에 대해 많은 사람이 이 시대의 진정한 어른으로 존경을 표한다. '돈이란 똥하고 같아서 모아놓으면 악취가 진동하는데, 밭에 골고루 뿌려 놓으면 좋은 거름이 된다.'는 선생님의 말씀에서 알 수 있듯 선생님은 이 시대의 많은 사람에게 본보기가 된다.

하지만 가진 것 없는 평범한 우리에게 그런 어른은 우상일 뿐이다. 김장하 어른처럼 경제적 성공은커녕 하루하루 살아가기도 벅차 경제적 노블레서 오블리주를 실천할 수는 없다. 영화 '태풍이 지나가고'가 보여주듯 우리는 되고 싶다고 모두 그런 사람이 될 수는 없다. 그렇다면 나의 위치에서 어른이 될 수 있는 길은 무엇일까. 어른다워야 어른이라 할 수 있다는 말처럼 어른의 인격을 갖추는 일이다. 물론 어른다워야 한다는 말은 사회가 만든 것일 수도 있고, 자신의 편견일 수도 있다. 그래서 어른이 된다는 것은 욕심을 비우고 상대방의 입장이 되는 일이라 생각한다.

나이를 먹으면서 입맛이 변하고 있다. 달고 맵고 짠맛에서 담백한 재료 본연의 맛을 점점 더 찾게 된다. 좋은 말로 '어른스러운' 맛을 알아간다. 어쩌면 나이 듦에 따라 맛의 감각을 잃어가는 것인지 모른다. 감각을 잃은 만큼 몸이 편하게 받아들이는 맛을 좋아하게 되는 것이다. 영화도 젊었을 땐 짜릿한 쾌감을 주는 스릴이나 서스펜스가 있는 영화가 좋았다면 이젠 느긋하고 담백한 사유 중심이 좋다.

사람도 그러하다. 젊은 시절엔 잘 꾸며진 외모, 화려한 스펙을 부러워하는 경우가 많다. 좋은 옷을 입고 좋은 차를 탄 사람을 동경한다. 명문대를 졸업하고, 엄청난 경력을 가진 사람 앞에서 움츠러들기도 한다. 하지만 나이를 더하다 보면 다른 게 보이기 시작한다. 화려하게 꾸며진 것을 거두어내면 실체는 예상과 다른 경우가 많다. 명함에 박힌 이력에 비해 초라한 사람이 많다. 언변이 뛰어나 처음에는 대단해 보이지만, 차츰 알아가면서 실망하기도 하고 반대인 경우도 있다. 경력이나 학력은 변변찮지만, 놀라운 통찰과 실력 그리고 훌륭한 품성을 보여주는 존경스러운 이들도 있다.

정말 본받고 싶은 글을 쓰는 수필가가 몇 분 있다. 이건 순 우연이지만, 그들은 모두 젊은 시절 가난으로 힘들게 살아온 사람들이었다. 어려운 환경으로 제때 대학을 가지 못하고 산업현장에서 전혀 문학과는 별개의 삶을 산 사람이었다.

인생에서 꾸며지지 않은 것들의 가치를 알게 되는 건 어른이 되고 있다는 증거다. 이 기준으로 보면 아직도 난 진짜 어른이 되려면 시간이 더 필요한 것 같다. 나를 꾸미려는 것에 연연하지 않고 담백하게 서려면 얼마나 더 지나야 할까. 어른이란 나이나 지식의 양이 아니라 힘과 욕망을 조절할 줄 아는 사람이다. 타인에 대한 배려심이 깊고, 어려움에 부닥친 이들을 보호해주는 사람이다. 역경을 만났을 때 책임감을 느끼고, 작지만 세상에 보탬이 되려고 고군분투하는 사람이다.

지금 나는 내가 꿈꾸는 어른이 되어가고 있을까. 어차피 완벽한 어른은 되지 못하겠지만, 더 안타까운 것은 내가 원하는 어른이 되려고 노력조차 하지 않는다면 정말 슬픈 일이다. 영화를 다 보고 한참 생각에 잠긴다.

빈 수레가 요란하다

쉴새 없이 또 떠든다. 으레 그러려니 모두 입을 다문다. 그렇게 오늘도 L의 허풍이 시작되고 모임이 끝날 때까지 그는 자랑스럽게 혼자 떠든다. 꼰대의 대표적 표상이다. 일곱 명의 친구 모임에서 그는 대화의 90% 말을 혼자 한다. 자신만이 세상의 모든 진리를 안다고 생각하는 것인지, 다른 사람의 의견은 아예 들을 생각조차 않고 모임이 끝날 때까지 혼자 떠든다.

말이 많다는 것은 편견이 심하기 때문이다. 말은 삼키든 뱉든 편견을 가지면 본질이 달라질 수 있다. 편견을 내려놓으면 좋으련만, 사람의 마음이 그렇게 단순하지 않은 것 같다. 편견은 자기 행동을 합리화하는 말이다. 뭔가를 성취하기 위해서 상황을 꾸며 사람들의 판단에 방해 요소를 만든다. 그런 솔직하지 못한 상황들이 사실에 섞여 진실이 왜곡되기도 한다.

입은 음식을 먹기 위해서도 필요하지만, 말을 하기 위해서도 필요하다. 얼마나 잘 흡입하느냐에 따라 건강이 달라지기도 하고, 얼마나 잘 뱉느냐에 따라 인격이 달라진다. 목소리가 큰 사람이 있는가 하면 작은 사람도 있고, 말이 많은 사람이 있는가 하면 말이 없는 사람도 있다. 목소리가 큰 사람은 주변을 의식하지 않고 쩌렁쩌렁 큰 소리로 말한다. 그런 사람과 같이 있으면 자신마저 교양 없는 사람 같아 괜히 부끄러워진다. 그보다 더 부끄러운 사람은 쓸데없이 말이 많은 사람이다. 그런 사람은 남의 이야기는 들을 생각도 하지 않고 혼자만 떠든다. 한마디로 세상에서 자기가 가장 잘난 사람이다.

자신이 주인공이라고 굳이 강조하는 것은 어쩌면 심리적으로 열등감을 숨기기 위해 포장하는 일이다. 부족한 것에 대한 무의식적인 몸의 반응이다. 뭐든 과한 것은 부족한 것보다 못하다. 적당함이 얼마나 중요한지를 알아야 한다. 세상을 바라보는 관점도 그러하다. 특히 이념이나 종교에 편견을 가지면 대화가 자기 그릇 안에서만 맴돈다.

나르시시즘이 강한 사람은 대체로 자신이 모르는 것은 상상조차 하지 않는다. 모든 판단은 자신의 얕은 지식을 기준으로 판단하고 행동한다. 그러다 보니 금세 밑천이 바닥난다. 결국, 그럴듯한 말로 덮으려니 말이 많을 수밖에 없다. 빈 수레가 요란한 이유다. 정확히 모르지만, 아는 척하기 위해 자신의 지식 범위 내에서 그럴듯하게 추리하여 말한다. 많이 아는 척해야 자신이 돋보인다고 생각하는 것 자체가 무지의 소산이다.

세상을 살아가다 보면 어설픈 지식이 가장 위험하다는 걸 자주 본다. 운전이나 위험한 암벽등반 같은 경우만 보더라도 초보 때는 보는 이가 가슴 졸일 정도로 아슬아슬하다. 세상의 어떤 분야에서도 완벽이란 없다. 조금씩 빈틈을 줄여가는 과정일 뿐이다. 그런데 얕은 지식으로 왜 혼자만 아는 것처럼 말이 많을까. 꼭 자신이 세상에서 가장 똑똑한 사람으로 보여야 할까, 겸손의 미덕을 모른다.

우리는 다양성의 시대에 살고 있다. 그 누구에게도 같은 생각이나 행동을 강요할 수는 없다. 누구나 각자의 색깔을 갖고 있기 때문이다. 그처럼 누군가가 나를 강제로 바꿀 수가 없다. 나 역시 타인을 내 생각으로 강요할 수는 없다. 그러기에 모든 사람은 스스로 매너리즘에서 벗어나려는 노력을 끊임없이 해야 한다. 현재의 갇힌 틀에서 새로운 세상으로 나와야 한다는 것이다. 물론 다시 만든 세상도 곧 낡은 세상이 되겠지만, 우리는 끊임없이 현재의 틀을 부수고 나와야 한다.

조류는 알에서 나오려고 최선을 다한다. 알 속은 하나의 아주 작은 세계이다. 넓은 세상을 보기 위해선 반드시 알을 깨고 나와야 한다. 세상을 알면 조용하고 모르면 시끄럽다.

명절 포비아

  명절이라 아들과 손자가 내려왔다. 며느리는 친정에 가고 아들과 손자는 우리 집으로 왔다. 기성세대는 이해할 수 없는 일이지만, 그들만의 규칙인 것 같다.

  장손이지만 몇 해 전부터 명절 차례를 지내지 않는다. 제사도 모두 없앴지만, 부모만큼은 돌아가신 지 오래되지 않아서 하나로 모아 지낸다. 아버지의 제사를 어머니 돌아가신 날로 합쳐 지낸다. 제사를 합칠 때 여자의 제사를 남자 쪽으로 모으는 게 일반적이지만, 그 반대로 한 것이다. 그 한 번뿐인 제사도 아이들에겐 날짜도 부담을 주지 않기 위해 지내지 않는다고 거짓말하고 부부끼리 지낸다. 할아버지와 할머니가 베푼 사랑을 생각할 때 마음이 아프지만, 그들에게 부담을 주고 싶지 않고 또 그것이 시대의 흐름이라 생각했다.

아들 둘과 손자 하나 그리고 막내 여동생 내외가 당일로 다녀간 후, 둘만 남으니 마음이 허전하다. 명절이라고 굳이 오지마라고 했지만, 은근히 기다렸던 모양이다. 그나마 다녀가지 않았다면 더욱 섭섭하고 썰렁했을 것이다. 사람마다 명절을 대하는 마음이 다르다. 명절이 기다려지는 사람이 있는가 하면 공포증일 만큼 싫은 사람도 있다. 주부의 명절증후군 못지않게 젊은 청년들도 명절 포비아를 겪고 있다.

어릴 때 그렇게 즐거웠던 명절이 청년으로 성장하면서 싫어지는 이유는 무엇일까. 어른들의 잔소리 때문이다. 졸업한 지 꽤 되었는데도 아직 직장이 없거나, 결혼 적령기를 넘겼는데 아직 미혼인 경우 어른들의 관심은 더해진다. 청년들이 명절을 싫어하는 이유는 예의 없는 세대라서가 아니다. 기성세대가 만든 세상에 적응하고 개척해 나가는 데 힘이 들기 때문이다. 물론 어른들은 잘되길 바라는 마음에 하는 잔소리지만, 당사자에겐 스트레스로 다가온다. 어른들의 지나친 관심은 오히려 독이 될 뿐이다.

우리네 삶을 자세히 들여다보면 대부분 별반 차이 없이 아등바등 살고 있다. 하지만 남의 떡이 크게 보이다 보니 누군가와 비교하게 된다. 따지고 보면 살아가면서 경제적이든 사회적이든 여유로운 시기는 길지 않다. 특히 경제적 흑자 기간은 더욱 짧다. 20대 중반까지는 인생 투자

기간인 만큼 수입이 없는 적자 시기다. 3~40대가 되면 결혼과 출산 그리고 내 집 마련으로 허리띠를 졸라매야 한다. 50대가 되면 그나마 여유가 생기지만 직장이든 사업이든 안정되지 않으면 망하기 쉬운 시기다. 이후 60대가 되면 자녀의 결혼 비용과 본인의 퇴직 시기가 맞물려 수입보다 지출이 급격히 늘어난다. 노년기가 되면 수입은 없고 의료비 등의 지출이 늘면서 극도의 적자 인생을 살아가게 된다.

이처럼 우리가 돈을 벌어 흑자를 내는 시기가 인생 전체에서 차지하는 시간은 아주 짧다. 갈수록 취업난이 심해지니 결혼과 출산도 늦어질 수밖에 없다. 만일 빚을 내어 결혼하고 집을 산다면 미래에 필요한 돈을 지금 당겨쓰는 것이기 때문에 노후 생활은 더 힘들다. 평균수명은 늘어나는데, 그렇게 청년들의 고민은 깊어질 수밖에 없다. 사실은 이 논리가 꼭 맞는 것은 아니지만 대다수의 청년은 그렇게 생각한다.

어른들이 하는 말 대부분은 잘되라고 하는 말이긴 하지만, 당사자에겐 잔소리로밖에 들리지 않는다. 구체적으로 어떤 말이 있을까. 나이별로 다르겠지만, '공부는 열심히 하니', '대학은 어디로 갈 생각이니', '군대는 언제 갈 거니', '취업은 어떻게 되었니', '결혼은 언제 하니', '아기는 언제 가질 계획이니', '집은 언제 살 거니', '승진은 언제 하니' 등등 단계적으로 하는 말 대부분이 스트레스다. 아마 그들은 내 인생을 대신 살아줄 거냐고 되묻고 싶은 마음일 것이다.

사람은 늘 본인의 관념, 즉 본인의 경험과 환경을 기반으로 타인을 바라본다. 그래서 그 시선은 정답이 아닐 확률이 높다. 명절 때마다 잔소리가 반복되면 참을성에 한계가 오기 마련이다. 만약 부모의 잔소리가 반복된다면 최대한 빨리 벗어나려 할 것이며, 친척 집 방문은 물론이고 본가도 가고 싶지 않게 된다.

급변하는 시대 명절 문화도 바뀌어 간다. 안타깝지만 미래는 갈수록 개인주의로 바뀔 것이다. 제사와 차례는 수년 안에 아예 없어질 확률이 높다. 이런 상황에서 가족의 정을 나누는 문화가 이어지기 위해서는 잔소리보다 응원과 사랑이 필요하다. 진심으로 걱정된다면 잔소리 보다 고민을 먼저 말해주길 기다려야 한다. 반면 청년들은 부담 없이 먼저 고민을 말하여 도움을 받아야 한다. 청년 문제는 개인의 문제가 아니라 시대의 문제이기 때문이다.

믿기 어렵겠지만, 경제적 이유로 가족과 연락도 하지 않고 혼자 지내는 청년도 많다고 한다. 그렇게 점점 가족과 멀어지면 결국 사회적 낙오자가 되고 만다. 가족이 왜 가족인가. 힘이 되어주고 같이 아파해 줄 수 있는 사람이 가족이다. 인생은 본인의 의지와 상관없이 외부적인 요소로 크게 변하는 경우가 많다. 조급함을 느낄 필요도, 열등감을 가질 필요도 없다. 인생 뭐 별것 있나, 주어진 대로 성실하게 살면 되는 것 아닌가.

길은 평소 많이 걸은 곳으로 난다

몽골을 다녀왔다. 광활한 초원에 말과 소, 양이나 염소가 무리 지어 풀을 뜯는 모습을 흔하게 볼 수 있었다. 한 무리 양 떼에 가까이 가보았다. 인간과 친숙해서인지 경계심이 많지는 않았다. 평화롭게 풀을 뜯는 무리와 달리 한참 떨어진 곳에서 한 마리가 울고 있다. 주변에 물이 있는 걸 보아 물을 찾아왔다가 동료들과 떨어진 것 같다. 한참을 헤매다가 멀리 있는 동료들을 발견하고는 허겁지겁 그쪽으로 갔다. 문득 울타리도 없는 광활한 초원에서 어떻게 초원과 집을 오가는지 궁금했다. 가끔 말이나 오토바이를 타고 오가는 사람이 보이긴 했지만, 종일 몰이를 하진 않았다.

해가 질 무렵이었다. 초원을 누비던 양 떼가 집으로

돌아가고 있었다. 넓게 퍼져 풀을 뜯다가도 저녁이 되니 왔던 방향으로 질서정연하게 돌아가고 있었다. 광활한 초원엔 길이 없는 줄 알았는데, 희미하지만 동물들이 지나간 곳엔 길이 있었다. 평소 동물들은 풀을 뜯으면서도 방향 감각을 잃지 않고 있었다.

동물이 지나간 길을 따라 잠시 걸어가 본다. 길이란 오르막이 있으면 내리막이 있고, 포장길이 있는가 하면 험한 길도 있다. 평소의 반복된 습관이 자신만의 길을 만든다. 인생길도 평소 자신이 걸어온 흔적으로 만들어진다. 그래서 우리는 인생을 길이라고 표현한다.

인생길을 가다 보면 억울한 일을 당할 때가 있다. 오래전 직장에서 한직으로 발령받고 근무 부서를 옮겼던 적 있다. 오이밭에서 신발 끈을 고쳐 매었는지, 자두나무 아래서 갓을 고쳐 쓴 것인지, 오해를 사는 일이 벌어졌다. 휴게실을 잘못 찾아 식당 근무자의 수면실 문을 여는 바람에 이튿날 말도 안 되는 소문이 났다. 누군지도 모르는 사람이 애인이 되어 있고, 업무시간에 연애를 했다는 말도 안 되는 소문까지 났다.

사실무근인 내용이 부서장 회의에 보고되고 모두가 수군거릴 때, 누군가 한 사람이 적극적으로 나를 옹호 했다고 한다. "그는 절대 그런 사람이 아닙니다. 내가 보증하겠습니다." 그분이 보증한다고 했지만, 당사자인 나는 말도 안 되는 소문에 화가 가라앉지 않았다. 그래도 그가 무척 고마웠다. 예전에 업무로 몇 번 만난 적 있지만, 특별히 친한 사람은 아니었다. 믿어주셔서 고맙다고 하자, 평소 인품을 보아 절대 그런 분이 아니란 걸 안다고 했다. 잠깐 마음고생은 했지만, 그 일을 통해 깨우친 게 있다. 사람은 평소의 생활 모습을 보고 판단한다는 것이다.

얼마 전 아시안컵 축구 4강전 직전에, 주장 손흥민과 막내 이강인의 다툼으로 손흥민이 손가락 부상을 입는 일이 벌어졌다. 화합이 중요한 축구에서 팀원 간의 불협화음은 다음 시합에서 최악의 결과를 낳았다. 사건이 알려지자, 인터넷에는 이강인을 비난하는 글이 폭주했다. 반대로 손흥민을 비난하는 글은 하나도 없었다. 심지어 형평성을 유지해야 할 언론까지 그러했다. 물론 이강인의 잘못이 컸지만, 추측하여 이강인만을 비난하는 데는 이유가 있었다.

국민은 손흥민 선수나 이강인 선수가 평소 해온 행동이나 말을 인터넷이나 뉴스를 통해 많이 보아왔다. 손흥민 선수는 유럽에서도 인성 좋은 선수로 알려졌지만, 이강인 선수는 자기만의 개성이 강한 MZ세대라 동료 간에 문제를 많이 일으켜 왔다. 그처럼 사람의 평가는 평소 어떤 길을 걸어왔는지에 달라진다. 몽골의 동물처럼 평소의 길이 초원과 집 사이의 바른길이었기에 스스로 집을 찾는데 아무런 문제가 없는 것이다.

결국 이강인이 기자회견을 열고 공개 사과로 일단락났지만, 이강인은 엄청난 타격을 입었다. 그렇게 평소의 행동에서 여론이 결정된 것이다. 사실 지금의 손흥민이 있기까진 그의 아버지 손웅정 감독의 역할이 컸다. 손 감독은 평소 인성을 최우선으로 가르쳐 왔다.

우리는 직접 눈으로 보지 않은 이상 그날의 상황을 정확히 알지 못한다. 평소의 모습으로 짐작할 뿐이다. 평소 걸어온 모습이 진정한 자기 모습이다. 공 좀 잘 찬다고 세계적 선수가 아니라 인품을 동반해야 세계적 선수라 할 수 있다는 손 감독의 말을 다시 한번 새겨본다.

낭만이 있는 사람

해 질 녘 석양을 바라보며 잠시 가던 길을 멈출 줄 아는 사람, 꼭 특별한 날이 아니더라도 꽃 한 다발 책상 위에 장식할 줄 아는 사람, 퇴근길 붕어빵 한 봉지 사갈 줄 아는 사람, 그런 사소한 여유를 가진 사람은 왠지 낭만이 있어 보인다. 낭만이 우리 삶을 풍요롭게 하는 건 아니지만, 쉽지 않은 삶에 여유를 주는 것만은 분명하다.

한때라도 내게 그런 낭만이 있었을까. 순정도 낭만도 기억 속에 가물거린다. 빠르게 각박해져 가는 세상에 그런 낭만을 부려본 적이 너무 오래지만, 분명히 낭만과 순정이 있었던 때가 있었다. 지금 이 시대는 갈수록 수치화된 물질적 가치로 비유하는 세상이 되었다. 한 치라도 더 나아지기 위해 경쟁하는 이 시대에 낭만과 순정을 지키는 이는 한심한 사람으로 취급받는다면 세상은 참 불행한 세상이 아닐 수 없다. 삶이 투박해도 온전히 휘둘리지 않고, 그 틈 속에서 작은 낭만을 챙길 줄 아는 사람은 없을까.

우리네 삶을 보면 대부분 별것도 아닌 일을 가지고 아웅다웅 다투며 산다. 왜 그럴까. 엉뚱하지만 낭만이 없어서가 아닐까. 현대엔 그만큼 낭만을 가진 사람이 드물다. 물론 시간과 비용을 투자해서 취미나 문화를 즐기는 사람은 많다. 하지만 우리는 그것을 낭만이라고 하지는 않는다. 여가생활이라고 한다. 목표한 결과물을 얻지 못하면 그 행위를 멈추기 때문이다.

그렇다면 낭만이란 무엇일까. 가끔 낭만이란 제멋대로 즐기며 사는 것으로 착각하는 사람이 있다. 그래서인지 우리는 낭만을 가진 사람을 현실적이지 못하다는 이유로 무시하는 경우가 많다. 사실 누구에게나 인생을 돌아보면 낭만의 시기는 있다. 젊었을 땐 낭만이 영원하리라 생각하지만, 나이를 먹어가다 보면 어느새 낭만은 사치스러운 단어가 된다.

현대에 와서는 사전적 의미처럼 꼭 감상적이고 이상적으로 사는 것만을 낭만이라 말하지는 않는다. 창밖에 내리는 비를 보며, 조용히 음악을 듣거나 사색에 잠기는 그런 것만이 낭만이 아니다. 자신이 좋아하는 일에 손익을 따지지 않고 열정을 다하는 사람에게서 느낄 수 있는 것도 낭만이다. 그 길이 가시밭길이고 누가 알아주지 않더라도 말이다.

각박한 이 시절에 그런 낭만이 있는 사람이 있다. 그는 자신의 인생을 문학 발전에 바치고 있다. 대단한 자산가도 아니고, 대단한 작품을 남긴 작가도 아니다. 명작을 남기기 위해 인생을 투자한다는 말은 더욱 아니다. 오로지 문학을 사랑하는 사람들을 위해 장을 펼쳐주는 역할에 인생을 바치고 있는 사람이다.

무슨 목적이나 무엇을 위해서인지 묻는다면 낭만이 있기 때문이라는 말 외엔 달리 설명할 수 없다. 재벌의 기부는 노블레스 오블리주 차원의 도덕적 의무가 있어 당연하다면, 그의 삶은 낭만이 있어야만 가능한 일이다. 물론 인간이기에 그의 모든 행동이 완벽하지는 않다. 다소 자기과시의 말을 많이 한다는 단점은 있다. 그래서 가끔 주변의 미움을 사기도 하지만, 그 또한 낭만을 가진 사람이 가진 특별한 성질이다. 빈손으로 왔다가 빈손으로 갈 인생에서 그런 낭만은 대단한 용기가 아닐 수 없다.

그를 보면 문득 가수 김장훈이 떠오른다. 가수로서 음악적 재능은 대단해 보이진 않지만, 그에게는 특별한 것이 있다. 가진 것이 많아 기부하는 것이 아니라 오로지 기부를 위해 가수 활동을 하는 김장훈, 그는 기부라는 낭만을 가진 가수다.

왜 우리는 낭만을 가진 사람을 별난 사람으로 보는 것일까. 여러 가지 이유가 있겠지만, 남을 평가할 줄만 알지, 자신을 돌아보지는 않기 때문이다. 살아가면서 자신을 성찰하고 진정한 삶의 여유를 찾아보는 순간이 있어야 하는데, 현대사회는 안타깝게도 모든 가치 기준을 경제적 가치로 따지기 때문에 낭만을 사치로 볼 수밖에 없다.

낭만이 있는 삶, 얼마나 아름다운 말인가. 그런 사람은 삭막한 무채색 같은 현대사회에서도 자신만의 특별한 색깔을 가진 사람이라 할 수 있다. 제멋대로 사는 사람이 아니라 감성이 살아있는 사람이다. 우리는 대부분 머리로만 상상할 뿐이지 행동하지 못한다. 경제적 여유, 시간적 여유가 없다는 이유로 낭만을 사치라고 생각하기 때문이다. 실제 낭만이 있는 사람은 그런 여유를 갖춘 후 행동하는 사람은 아무도 없다. 행동이 앞선다.

살다 보면 많은 고통이 우리 삶에 존재한다. 그러나 그 경험에 대하여 모든 것을 부정하게 된다면 낭만이 없는 단순한 인생일 수밖에 없다. 그런 고통의 경험이 있기에 행복한 일도 있고, 설레는 일도 있고, 기쁜 순간도 존재한다. 양날의 검 같은 삶이기에 낭만은 특별한 가치가 있나. 비록 남이 알아주지 않더라도.

익숙함, 그 두 얼굴

내가 사는 동네는 물안개가 아름다운 호수마을이다. 이웃이라곤 딱 한 집밖에 없는 한적한 곳이라 코로나가 온통 난리를 쳐도 남의 일인 듯싶다.

호수는 날씨에 따라 분위기를 달리한다. 오늘처럼 잔잔한 여우비가 오는 날이면 몽환적 분위기를 자아낸다. 그 분위기가 좋아 가끔 호숫길을 따라 산책한다. 자주 가는 곳은 도보로 20여 분 거리에 있는 물안개 전망대다. 아무도 없는 한적한 길이다. 떨어지는 빗방울에 장단을 맞춰 걷는다. 장화를 신었으니 물웅덩이도 거침없이 밟는다. 마스크를 내리고 숨을 크게 들이켜 본다. 습하지만 시원함이 입안 가득하다.

전망대에 가까워졌을 때다. 어디선가 인기척이 들려왔다.

도시인들이 드라이브를 온 모양이다. 얼른 마스크를 올린다. 마스크는 이런 곳에서조차 지켜야 할 당연한 에티켓이 되어버렸다. 예전엔 상상도 못한 일이다. 마스크는 어느새 몸 일부처럼 익숙해져 간다.

인간은 의식하진 않지만 익숙한 것을 좋아한다. 낯을 가리는 나는 더욱 그러하다. 마음을 편하게 하는 익숙한 장소가 좋고, 익숙한 물건이 좋고, 익숙한 사람이 좋다. 반대로 낯선 물건이나 장소 혹은 낯선 누군가를 만날 때면 습관적으로 경계의 선을 긋는다. 그렇다고 새로움을 무조건 거부하는 것은 아니다. 익숙해지면 금세 마음을 연다. 대상물이 마음을 사로잡으면 거의 무방비 상태가 되기도 한다. 이렇듯 하나의 대상물에 양가감정을 가진다. 아마도 새로운 것을 좋아하지만, 낯섦에 대한 적응 과정이 불편하기 때문이다.

익숙하다는 것은 편하다는 말이다. 무엇이든 새로움에 대한 적응의 시간이 지나면 이내 익숙해진다. 인간은 혼자만의 고립된 상황이 되면 본능적으로 불안과 두려움을 느낀다고 한다. 그래서 인간을 사회적 동물이라고 한다. 이는 지금의 팬데믹이 쉬 꺾이지 않는 이유이기도 하고, 빨리 벗어나야 하는 이유이기도 하다.

우연히 수십 년 만에 대학 동창을 만나 그의 집을 방문하게 되었다. 결혼 전 그는 마초 같은 친구였다. 그의 집은 온통 술병이 나뒹굴고 담배 냄새로 찌들어있는 그런 모습이었다. 지금도 별반 다르지 않으리라 상상했다. 전혀 아니었다. 화려하진 않지만 편안함과 깔끔함이 뚝뚝 묻어났다. 화초도 많이 키우고 있었다. 식구들도 온통 꽃이었다. 아내 꽃에 딸꽃까지. 거칠고 난폭했던 예전의 그가 아니었다.

　남자의 야성은 딸이 태어나면 사라진다는 그의 말처럼 젊은 날의 방탕함은 찾아볼 수 없었다. 아이들이 성인이 임에도 서양처럼 귀가를 하면 포옹으로 반기는 모습이 낯설지만 부러웠다. 익숙하지 않은 풍경에 내가 알고 있는 친구가 맞는지 의구심이 들었다. 딸을 키우다 보니 저절로 달라졌다고 했다. 내가 보기엔 딸들이 그를 키운 것 같다.

　우리 집은 아들만 둘이다. 결혼 전 상냥하고 부드러웠던 아내가 갈수록 남자로 변한 이유를 알 것 같았다. 내겐 형제보다 자주 보는 친구가 둘 있다. 공교롭게도 이들도 모두 아들만 둘이다. 그 나물에 그 밥이라고 똑같은 분위기의 집만 봐왔으니 딸이 주는 정서를 모르고 살아왔다.

　인간은 살면서 경험한 것에 익숙해진다. 그 익숙한 습관이 당연한 것처럼 살아간다. 성격이나 취미가 비슷한 사람끼리 가깝게 지내는 이유도 모든 게 익숙하기 때문이다. 익숙한 것을 좋아한다는 말, 곰곰이 생각해 보면 그 말은 매너리즘에 빠졌다는 말이다.

코로나 2년째, 거리 두기와 마스크가 어느새 익숙해져 간다. 평등을 외치던 사회 지도층의 위선도 익숙해져 간다. 그런 익숙함은 살아가면서 가장 경계해야 할 익숙함이다. 학연, 지연 또는 종교나 이념의 갈등으로 현대사회는 부딪힘이 잦다.익숙하지 않는 다름을 인정하고 받아들이지 않기 때문이다.

사람의 마음이 한낱 '익숙함' 때문에 네 편과 내 편으로 갈린다고 생각하니 세상이 참 허술하다는 생각이 든다. 내게 익숙하지 않다고 해서 잘못된 것이 아닌데 말이다. 감정을 무디게 하는 익숙함에 속아 진실을 막아서는 안 된다. 신발을 발에 익숙하게 길들이는데, 시간이 필요하지만, 전혀 맞지 않는 신발을 신고 버티는 것은 미련한 일이다. 몸에 배기 전에 편견을 버려야 한다.

생각해 보면 우리는 언제나 익숙한 것과 새로운 것 중 하나를 선택하며 살아간다. 새로운 선택은 익숙함을 바꾸는 일이다. 모든 변화에는 적응이 필요히다. 적응이란 변화에 대한 치료제이다. 새로움에 대한 적극적인 적응 노력만이 현명한 대처다. 난국을 극복하는 것과 못 하는 것의 차이는 적응의 차이다. 그런 면에서 코로나 시대는 세상을 크게 바꾸기 위한 과정인지 모른다. 두 걸음의 큰 전진을 위한 작은 한 걸음의 후퇴라면 모쪼록 그 한 걸음이 작은 한걸음에 그치기를 빈다.

3부

사계의 멍에 들다

김성진 수필집

가상화폐와 YOLO

속보가 나왔다. 가상화폐의 하나인 테라·루나코인 권도형 대표가 동유럽 몬테네그로에서 체포되었다는 긴급뉴스다. 속보로 보도된 것을 보니 사회에 엄청난 영향을 준 모양이다. 자그마치 52조 원의 돈이 휴지조각이 되었다니 말해 무엇 할까. 그러고 보니 최근 수년간 세상을 가장 뜨겁게 달군 키워드가 '가상화폐'가 아닐까 싶다.

사실 나에겐 테라도 루나도 권도형도 모두 낯선 단어다. 그의 신변을 두고 미국과 한국이 서로 인도하겠다고 나섰다. 그의 행적이 세계적인 이슈인 만큼 그가 누구인지, 가상화폐는 또 무엇인지 궁금하지 않을 수 없다. 그는 미국의 한 명문대학에서 컴퓨터와 경제학을 전공한 후 세계 최고의 명문 기업인 애플과 마이크로소프트사를 다니다가

귀국한 인재였다. 국내에서 2018년 '테라폼랩스'를 창업하고 가상화폐 '테라'와 '루나'를 개발했다. '테라'는 한때 시가총액 세계 3위까지 올라 2019년 포브스 선정 30세 이하 아시아 리더에 꼽히기도 했다. 한국판 '일론 머스크'라 불리며 팬덤을 가지기도 했다. 그랬던 그가 왜 혁신적인 개발자가 아니라 파렴치한 경제사범이 되었을까. 체포된 만큼 미국이든 한국이든 경찰 조사에서 밝혀지겠지만, 영웅과 역적은 종이 한 장 차이가 아닐까 싶다.

가상화폐는 2017년 기준 세계에 700개가 넘는다고 한다. 그중 가장 큰 비중을 차지하고 있는 것이 '비트코인'이다. 세계 가상화폐 총액 65%가 넘는다니 비트코인을 빼고는 가상화폐를 논할 수 없다. 비트코인은 2009년 일본의 한 컴퓨터 전문가가 블록체인 기술을 기반으로 개발했는데, 총 개수가 2,100만 개라고 한다. 블록체인 닷컴에 따르면 2025년 6월 기준 비트코인의 누적 채굴량은 1978만 개를 돌파했다. 현재 남은 채굴 가능 수량은 약 122만 개에 불과하다. 그런데 탄광처럼 광물을 캐는 것도 아닌데, 코인을 왜 채굴한다고 할까. 채굴은 컴퓨터로 복잡한 수학 연산을 풀어 이용자 간 거래 명세를 정리한 사람에게 대가로 새로운 코인을 주는 것을 말한다. 이 순간에도 누군가는 열심히 채굴을 시도하고 있다. 가치가 높아지면 채굴을 위해 풀어야 하는 컴퓨터 암호는 더 어려워진다고 한다. 이런 속도라면 마지막 채굴 완료 시점은 2140년이 될 것으로 예측한다.

비트코인 개발자는 2009년 1월, 첫 블록을 생성하고 50개를 채굴했다. 2009년 10월, 첫 공시 당시 가격은 원화로 개당 1원 정도였다. 2021년 한때 최고가 8,700만 원을 넘어선 적도 있다. 1원이 8,700만 원이라니 믿기 어려운 일이다. 처음, 비트코인은 컴퓨터 전문가들의 장난감에 불과했다. 서서히 사람들은 그것이 진짜 돈을 투자할 만큼 가치가 있다고 믿게 되었다. 사람들이 가치가 있다고 믿으면 웬만해선 사라지지 않는다. 물론 투자할 가치 판단은 개인 몫이다.

최근 젊은 세대를 주축으로 라이프 스타일이 변하고 있다. YOLO(한 번뿐인 인생)라 하여 불확실한 미래를 대비하기보다 현재의 행복을 중시하며 최대한 즐거움을 누리겠다는 소비지향 라이프 스타일로 바뀌고 있다. 이는 어떤 경우라도 안정적인 미래를 보장받기 힘들다는 상실감에 나온 사고가 아닐까 싶다. 가상화폐에 대한 사람들의 열망 역시 YOLO의 배경과 크게 다르지 않다. 사람들이 도박에 가까운 한탕에 기대는 이유는 간단하다. 성실하게 사는 것만으로는 장밋빛 미래를 꿈꿀 수가 없기 때문이다. 그렇다고 그 문제를 도박성 방법으로 해결하는 것은 누가 봐도 잘못된 생각이다. 설령 그것이 대박을 주더라고 옳은 선택이 아니다.

솔직히 가상화폐의 가치를 생각할 때 화폐로서의 가능성은 전혀 없다. 화폐의 기본적인 특성만 봐도 논의할 가치가 없다. 금이나 골동품과 비교하는 사람이 많지만, 그것도 차이가 있다. 실물이 존재하지 않아 시각적 효과도 없다. 결국, 내가 산 가격보다 더 비싸게 살 사람을 기다리는 것 말고는 아무런 가치가 없다.

내가 가상화폐에 관심이 없는 이유는 도박에 가까운 확률에 기대어 미래를 꿈꾸는 것이 정상으로 보지 않아서이다. 건전한 사회라면 성실한 노력만으로도 본인들의 미래를 꿈꿀 수 있어야 한다. 돈은 머리든 육체든 노동으로 벌어야 한다. 가상화폐도 두뇌 노동이라고 한다면 할 말은 없다. 가상화폐는 실물이 없는 가상의 존재에 돈 놓고 돈 먹기다. 보수적인 나의 가슴으로는 가상화폐로 돈 벌 일은 평생 없을 듯싶다.

뚝심과 고집

유난히 부부 사이에 의견충돌이 잦은 지인이 있다. 사소한 일로 매번 서로 옳다고 우기지만, 내가 보기엔 두 사람 모두 자기주장이 너무 강하다. 중요하지 않은 일에도 한 치 양보 없이 서로 옳다고 다툰다. 불을 보듯 빤한 내용에도 자기 생각과 다르면 상대를 인정하지 않는다. 그렇다고 주장하는 논리가 설득력 있는 것도 아니다. 동물의 서열싸움처럼 죽기 살기로 상대를 이기려 한다. 사랑하는 마음이 있다면 서로 존중해 줄 수는 없는 것일까, 오랜 세월 사랑이 의리로 변했다면 그 의리로라도 서로를 존중해 주면 좋으련만, 쇠심줄 같은 두 사람의 고집에 지켜보는 사람이 오히려 화가 나기도 한다.

우리는 자기 생각을 굳게 밀고 나가는 사람을 뚝심이

있다거나 고집이 있다고 말한다. 고집과 뚝심은 어떤 차이가 있을까. 주변 사람을 힘들게 하면서 자기 생각을 내세우면 고집이고, 어떤 근거를 둔 합리적인 생각이면서 결과 또한 좋아야 뚝심이다. 결과적으로 목표를 이루지 못한 뚝심은 고집으로 변한다. 그래서인지 고집은 나쁜 말로 들리고, 뚝심은 좋은 말로 들린다.

어릴 땐 자기주장이 강한 사람이 대단해 보였다. 내가 가질 수 없는 절대적 카리스마로 보였다. 옳든 그르든 자기만의 기준과 고집을 가진 사람이 뚝심 있고 강하게 보였다. 그런 사람이 힘 있는 사람으로 보였다. 하지만 절대 존경하고 싶지 않은 어른의 부류였다. 아마도 자기주장이 강한 어머니의 모습 때문이었다. 그 때문에 우리 자식들은 모든 일에 어머니 눈치만 보며 자랐다. 그렇게 자기주관이 없는 아이였다가 성인이 되어 어머니로부터 독립하면서 달라졌다. 하지만 무슨 일이든 결정을 못 하는 결정 장애는 쉽게 사라지진 않았다.

옛말에 마흔을 어떤 일에도 미혹되지 않는 나이라 했던가. 마흔을 넘기면서 결정 장애가 거의 사라졌다. 고집과 뚝심의 구분도 확실해졌다. 경험과 정보에 의해 내면에 축적된 자신만의 주관을 쌓으면서 배려 깊은 사람이 멋있어 보였다.

SNS나 유튜브를 보면 세상 분야마다 전문가가 많다. 지식과 노하우는 데이터가 되어 판단의 근거가 된다. 세상의 수많은 사실적 근거 때문에 이젠 고집이 진실을 이길 수 없는 세상이다. 정도의 차이는 있지만, 사람은 누구나 약간의 고집이 있다. 스스로는 그것을 주관이나 신념이라 여긴다. 하지만 고집을 피우는 사람의 말에는 근거나 논리가 부족하다. 고집도 적당하면 개성으로 보이지만, 지나치면 결국 억지 부리는 고집 센 사람이 된다.

세상은 다양한 사람이 모여 다양한 목적으로 살아가지만, 의외로 다투는 사람은 그렇게 많지 않다. 만물의 영장이기에 서로 존중하고 타협해야 하는 것을 안다. 사람들은 사소한 일에 굳이 부딪힐 이유가 없다는 것도 안다. 그처럼 세상은 톱니바퀴처럼 상호의존하며 돌아간다. 그런데도 타협을 모르고 자기 고집만 부린다면 스스로 자신을 외톨이로 만드는 일이다.

어느 단체든 자기주장이 강한 사람이 있다. 그런 사람은 타인의 생각을 받아들이지 않는다. 자기 생각과 다르면 위계질서도 무시한다. 사람의 평판은 경력으로 만들어지는 것이 아니라 주변의 신뢰와 평으로 만들어진다. 고집과 아집으로 늘 분란만 일으킨 사람은 이직과 퇴직을 반복한다. 그 버릇은 어디를 가나 변함이 없다. 당연히 친구도 없다.

그런 사람은 본인이 만든 환상 속에 빠져 산다. 자기 객관화 능력이 부족하므로 현실을 파악하는 능력도 떨어진다. 잘못된 판단으로 주변에 피해를 줘도 뻔뻔하고 당당하다. 상식에 벗어난 행동을 지적해도 신경 쓰지 않는다. 자신이 늘 정답이라는 사고로 산다. 실력이

뒷받침된다면 뚝심으로 포장할 수도 있지만, 실력 또한 그렇지 못하다.

진정한 예술가라면 고집이 아니라 뚝심이 있어야 한다. 나는 안타깝게도 고집도 뚝심도 없다. 나만의 표현 방식이나 정해놓은 기준도 딱히 없다. 글을 쓸 때도 대부분 그때그때의 직감에 따라 쓴다. 직감도 좋지만, 적어도 창작 습관을 꾸준히 유지하는 뚝심이라도 있다면 좋겠다.

인터뷰어가 되어 스스로에게 여러 가지 질문을 해본다. 멋진 대답을 기대해 보지만, 말주변이 없어 늘 더듬거린다. 아무도 나에게 묻는 이는 없었지만, 그런 날이 온다면 뚜렷한 뚝심이 없어 걱정된다. 지금부터라도 고집이 아니라 뚝심을 배워야 겠다.

사계의 멍에 들다

삶의 아픔은 멍이 되어 남는다. 가난의 멍, 사랑의 멍, 우정의 멍, 육체의 멍까지. 사람은 누구나 멍을 안고 산다. 멍을 치유하기 위해서는 또 다른 멍이 필요하다. 그 멍은 그서 밍히니 바라보는 멈춤을 말한다. 비멍, 불멍, 물멍, 꽃멍, 숲멍과 같은.

봄, 계곡을 좋아한다. 바위에 걸터앉아 햇살로 일렁이는 물을 바라본다. 햇살은 바닥까지 스며있고, 물은 숲을 담아내고 있다. 하늘과 숲을 품은 저 물은 어디에서 와서 어디로 갈까. 물은 바위를 훑을 땐 거친 소리를 내다가도 깊은 웅덩이에 도달하면 소리마저 잠시 쉰다.

계곡을 바라본다. 봄을 담아내느라 분주하다. 그렇게

한참을 멍때린다. 나뭇가지를 흔드는 바람, 바위를 휘감는 물소리, 일상을 지운 자리에 경쾌한 백색소음이 스며든다. 마음조차 비움으로 다가가면 자연은 시간을 잠시 멈춘다. 시간을 잊으면 물의 여정이 보이듯 사소한 삶도 보인다. 나 아닌 것들의 존재도 보인다. 그렇게 짧은 봄은 스스로 존재 이유를 깨우치고 지나간다.

여름, 비를 유난히 좋아한다. 정확히 말해 비명을 좋아한다. 정원 가득 낭만이 뚝뚝 떨어진다. 이른 아침, 하루를 깨우는 빗소리가 들리면 창가 바짝 의자를 놓고 떨어지는 빗소리를 듣는다. 내리는 비를 바라보고 있으면 몸과 마음이 편안하다. 삶의 속도가 느려져도 비는 모든 것을 가려준다. 가만히 앉아 한없이 떨어지는 빗방울을 바라보면 마음이 차분해진다. 빗소리를 듣고 있으면 바쁘게 돌아가는 지구의 자전 속도를 늦춘 기분이 든다.

거센 소낙비가 유리창을 타고 흘러내린다. 흐려진 유리창은 풍경을 몽환적 분위기로 만든다. 소낙비가 내리는 날은 평소와는 다른 낯설어진 풍경이다. 창 너머 다른 세상이 있을 것 같다. 세상의 모든 소리를 지우는 저 빗소리는 사라져버린 줄만 알았던 기억이 떠오른다. 마당의 우물을 메워버리려는 듯 비가 거세었을 때 어머니의 외출이 확실히 길어진 것을 알았다. 멀어져 가는 기억처럼 가늘어진 생각은 날개를 접고 희부연 공간에 혼자 남겨졌다.

가을, 노을이 진다. 커피 한 잔을 들고 호숫가 카페 루프탑에 앉는다. 번잡한 생활을 벗어나 생각하는 시간, 단순하게 자신을 바라보는 시간은 소중하다. 복잡한 관계에 지친 마음을 해독하고 새롭게 시작할 수 있는 에너지는 단순함에서 찾을 수 있다.

붉게 물던 호수를 바라보며 멍을 때린다. 봄날 아침 설레는 마음으로 소풍을 나섰던 게 엊그저께 같은데, 저 노을처럼 나를 찾아온 인생도 쏜살같이 흘러왔다. 기대와 부푼 꿈을 안고 출발했는데, 어느덧 지나간 길보다 인생의 종착지가 더 가깝다. 가을의 여유로움처럼 때로는 치열하게, 때로는 천천히 살아야 한다. 도전도 인생이고 여유도 인생이니까.

겨울, 황토방 아궁이에 불을 지핀다. 현란한 불꽃이 춤을 춘다. 마른 장작을 집어삼킨 불꽃은 서서히 아궁이를 황금빛으로 물들인다. 금세 얼굴이 후끈 달아오른다. 적당한 거리를 두고 의자에 앉는다. 불멍이다. 활활 타는 불꽃은 번뇌를 삼키고 추억도 삼킨다. 서서히 무상무념의 세계로 접어든다. 쓸쓸하고 아쉬운 여운도 복잡하던 머릿속도 비워진다.

타닥타닥 탁탁…, 장작 타는 소리가 넋을 빼앗는다. 적막을 뚫고 규칙적으로 나는 소리에만 집중한다. 불꽃은 잠시도 가만히 있지 않는다. 끊임없이 넘실거리고 기세를 올렸다 내리기를 반복한다. 불꽃의 움직임을 보고 있으면 머릿속을 떠나지 않던 근심이 스르르 자취를 감춘다. 그저 눈이 시리게 붉은 불꽃을 가만히 쳐다본다. 하염없는 멍이 끝나면 남는 건 한 줌의 재, 그 재는 마음을 떠나지 못했던 근심이다.

멍때리기 대회가 유행이다. 간혹 '멍'의 무의미를 주장하는 사람도 있다. 바쁜 현대인들에게 과연 아무것도 하지 않는 '멍'은 부질없는 행동일까. 이젠 그 의미와 가치를 달리 해석해 볼 필요가 있지 않을까.. 열심히 일한 것은 돈뿐만 아니라 시간을 번 일이기도 하다. 열심히 일해 번 돈으로 외식을 하거나 아름다운 곳으로 여행을 가는 작은 사치를 누리듯, 시간의 사치도 부릴 수 있는 여유도 있어야 한다. '멍'은 나에 대한 보상이고 또 '쉼'을 통해 새로운 창의성을 깨우자는 메시지가 아닐까.

현대인의 바쁜 일상에서 육체적으로도 정신적으로도 휴식은 점점 더 중요하다. 휴식은 몸과 마음의 여유이다. 의도적인 여유로움, 즉 '멍'이 필요하다. 부지런함이 행복의 근본조건으로 두는 세상에서 '멍'은 정반대에 있는 게으름으로 보여 온전히 대우받기 어려울 것 같지만, 충전의 의미도 된다.

소확행이다. 노트북을 펼치고 머릿속의 생각을 활자로 옮길 때, 좋아하는 누군가의 얼굴이 떠오를 때, 새로 산 운동화의 끈을 맬 때, 때맞춰 신호등의 신호가 바뀔 때,

어디선가 짙은 커피 향이 풍겨올 때, 우리는 작은 행복을 느낀다. 작은 모래알이 모여 벽돌을 만들고 벽돌이 모여 건물이 되듯 우리의 인생도 그렇게 만들어진다.

저마다 행복이라는 감정의 기준이 다르듯 억제하는 것도 발산하는 것도 스스로 정의한다. 누군가에겐 일상이고, 누군가에겐 행복이고, 누군가에겐 지옥일 수도 있다. 비구름으로 어둑해진 하늘, 약간은 우울해져도 괜찮다. 애써 웃지 않아도 된다. 때론 현명하게, 가끔은 멍청하게 멍에 들어보자.

먼지가 우주를 바라보는 방식

젊었을 때는 이런 생각을 자주 했다. '주변에서 나를 알아주지 않더라도 앞으로의 긴 인생을 생각하면 언젠가 나를 알아주는 세상이 올 거라고.' 결론적으로 그 생각은 옳았다.

인생은 영원히 힘들지도 않고, 영원히 행복하지만도 않다. 이 진리는 누구에게나 적용된다. 그렇다고 가만히 앉아 있는데 행복이 오는 건 아니다. 행복이라는 행운은 방향성이 중요하고, 다음은 그 방향대로 끊임없이 실천하면 된다. 방향이 정확한지는 당장 알 수 없고 세월이 지난 후에 깨우치는 경우가 많다. 삶의 공식이 수학 문제처럼 답이 정해져 있지 않기 때문이다.

정확한 방향 설정과 노력이 행해진다면 세상은 아름다운

곳이다. 하지만 자기 객관화가 이루어지지 않은 상태의 성공이라면 그다음은 무엇일까. 여기서 발견하는 것은 목적이 없다는 것이다. 돈이 많다고, 지위가 높다고, 꼭 행복의 그림은 아니라는 것이다. 재벌 회장이나 정치인이 교도소에 자주 다니는 것을 보면 알 수 있다.

행복이라는 목적은 돈이나 지위가 아니고 진정 내가 하고 싶은 일을 하는 거라는 건 누구나 아는 진리다. 인간관계도 마찬가지다. 돈을 더 많이 벌고, 지위가 높아지는 데 도움 줄 사람들을 만나 술 마시고 서로의 의리를 다져나가는 것은 순간의 즐거움뿐이다. 시간이 지나 진정 내 마음에 기쁨을 주었는가 생각해 보면 공허만 남는다. 자신의 출세에 꼭 필요한 인간관계인데 왜 행복하지 않을까. 그렇게 계속되는 삶이 옳은 것일까. 그런 순간의 즐거움에 매몰되어 자신의 방향성에 의구심마저 느끼지 못하고 사는 사람도 많다.

모든 일이 그렇다. 사람은 나이가 들면서 새로 겪는 것이 하나둘 줄어들고 신체와 감정이 조금씩 무뎌진다. 더 많은 돈이나 더 좋은 관계가 다가와도 젊었을 때처럼 설렘이 쉽게 찾아오지는 않는다. 인간관계를 보면 확연히 알 수 있다. 어렸을 때 필연적 인연으로 사귄 친구는 대부분 변함이 없지만, 성인이 되어 사귄 친구는 관계의 끈이 끊어지면 쉽게 잊힌다. 이유는 손익을 따지면서 서로의 조건만 생각하며 사귄 친구는 쉽게 마음을 주지 못하기 때문이다.

현대인은 기대에 매몰돼 산다. 하지만 삶은 기대에

상응하는 결과를 가져다주기보다는 대부분 실망을 안겨준다. 큰 기대가 큰 보상으로 돌아오는 경우는 그리 많지 않다. 젊었을 땐 돈을 많이 벌면 행복하겠지, 사회적 위치가 오르면 행복하겠지 생각하지만, 기대치는 다시 올라 늘 힘들다. 인생을 재밌게 살 수 있을 거라는 이런 맹목적인 기대보다는 나만의 일과 가치관을 찾는 것. 내게 있을 공허를 사라지게 할 수 있는 본질을 찾는 것이 진짜 행복을 느끼는 길임을 깨닫게 된다. 과연 무엇을 하면서 내 공허를 제거할 수 있는지 생각한다면 처음부터 기대도 사라지고, 인간관계, 돈, 건강 나를 둘러싼 모든 것에서부터 집착을 조금씩 내려놓을 수 있다.

나름의 정의를 내린다. 공허를 채울 수 있는 건 몸과 정신을 수련하는 것이다. 구체적으로 정신을 수련하는 것은 좋은 글을 읽고 쓰는 일이며, 몸을 수련하는 것은 운동으로 육체를 건강하게 하는 행위다. 일상적이고 쉬운 방법이다. 읽고, 쓰고, 운동하는 건 대단한 걸 이룬다는 기대로 시작하지는 않지만, 돌아보면 이보다 만족스러운 일은 없다. 몸이 건강해지고, 사고의 폭이 확장되면 인생에 있어 중요한 선택의 갈림길이 왔을 때 현명한 선택을 할 수 있게 된다. 근사한 목적 자체는 없는데도 시간이 지나면 많은 게 이뤄져 있다.

어떤 선택을 할 때는 무조건 기회비용이 수반된다. 하나를 쟁취하면 또 다른 하나는 잃을 가능성이 있다. 하지만 읽고 쓰고 운동하는 것은 리스크가 없다. 재미도 있다. 특별한 사람만 가능한 것이 아니라 누구나 할 수 있는 일이다. 대부분 나이 들수록 새로운 것에 흥미가 없어 익숙한 것만 찾는다. 매너리즘에 빠지게 된다. 여행도 체력이 없어 점점 힘들어지게 된다. 하지만 읽고, 쓰고, 운동하면 나이를 먹어도 호기심을 잃지 않는다.

거대한 우주 속 인간은 먼지 같은 존재일 뿐이다. 언젠가는 흔적도 없이 사라진다. 이 얼마나 공허한가. 나이 들면서 신체와 감정이 무뎌가는 것을 막을 수는 없다. 하지만 읽고 쓰고 운동하면 사소한 것도 소중해지고, 행복 감정을 더 자주 느끼게 된다. 먼지가 우주를 바라보는 방식이다.

다문화 이해

"그곳에서 뭐 하는 겁니까? 당장 나와요."

진양호 호숫가, 낚시하는 청년에게 단속원이 고래고래 고함을 친다. 청년은 이해할 수 없다는 듯 눈만 굴린다. 단속원은 이내 청년이 외국인임을 알고 보디랭귀지로 낚시 금지구역임을 설명한다. 청년은 고개를 갸우뚱거리며 낚싯대를 걷는다. 엉성한 낚시 장비로 보아 동남아 국가에서 인근 딸기 하우스단지에 계절 근로자로 온 청년이다. 동남아는 낚시가 생업인 경우가 많다 보니 호수를 낚시 금지구역으로 정하는 경우는 거의 없다. 그 청년으로서는 의아할 수밖에 없다.

청년은 휴일 여유시간 낚시를 나왔다가 단속원에게 걸려 혼이 나고 있다.

"낚시하는 사람이 종종 있나 봐요?"

단속원에게 물었더니

"외국인 근로자 외엔 거의 없어요. 정말 미안하지만, 동남아나 중국 사람하고는 같이 살기 힘들어요. 쓰레기도 마구 버려요."

미안하다는 말을 전제한 그의 푸념은 문화 후진국에 대한 편견이라기보다는 생활의 불편함에서 오는 솔직한 반응이다. 그처럼 문화 차이가 일상에서 부딪힐 때 서로 힘이 든다. 그처럼 부딪힘이 반복되면 다름은 거부감이 된다. 계절 근로자뿐만 아니라 결혼이나 영구 이주해 온 사람도 마찬가지다.

다문화 국가는 처음 서구 민주주의 국가에서 세계화가 진행되면서 급진적으로 발생했다. 우리나라는 대략 1990년대부터 농어촌 청년의 결혼 문제와 3D 직종의 근로지 부족 문제가 발생하면서 시작되었다. 문제는 변화 과정에서 분열과 갈등이 일어난다는 것이다. 문화적 차이에 대한 갈등으로 사회의 정체성이 모호해져 사회 통합보다 오히려 사회 분열을 일으키고 있다. 일찍 세계화가 이루어진 유럽이나 미국은 심각한 사회적 갈등을 겪고 있다. 우리나라도 마찬가지다. 이는 대체로 이주민과 원주민의 문화 차이에서 발생한다.

인간의 이동이 자유로워지면서 세계화, 다문화는 피할 수 없는 현상이다. 변화의 과정에서 세계 곳곳은 난민과 이민을 받느냐 마느냐로 갈등이 벌어지고 있다. 한국 사회만 보더라도 이슬람 사원을 짓는다든지, 중국인이 한국 부동산을 대거 산다든지, 중국인이 한국 의료제도 혜택을 받는다든지, 중국이나 동남아 여성의 한국 국적 취득을 위한 위장 결혼하는 문제에 우리는 예민하지 않을 수 없다.

'민족 국가'란 같은 조상과 언어를 가지고 있는 국가를 일컫는다. 반대로 '다문화 국가'는 혼혈 또는 외래 민족이 많아져 새로운 문화가 형성된 국가라는 말이다. 이동성은 인간 본연의 속성이므로 다문화는 자연스러운 일이다. 또한, 오랫동안 정착되어 온 우리 문화라고 해도 시대에 맞지 않은 불합리한 문화는 개선이 필요하다. 예를 들어 유교 문화가 그러하다. 문제는 아름다운 우리 문화를 통째로 무너뜨린다면 근본이 무너지는 문화 침략으로 변한다. 미리 대책이 필요하다는 말이다.

세계 국각의 문화에서 절대적으로 우등하거나 열등한 없다. 다만 상대적으로 고유한 가치를 지닐 뿐이다. 주된 문화가 무엇인지의 문제다. 자문화를 파괴하고 자국민의 이익에 피해를 준다면 이는 문화 파괴다. 다른 문화에 우리 문화가 침탈당하는 현상이 발생하지 않기 위해서 우리 문화를 우선으로 중심에 둔 후 다문화주의를 수용해야 한다. 다시 말해 다문화는 받아들이되 서서히 자문화에 동화되는 방법이 최선의 길이다.

주객이 전도되어 굴러온 돌이 박힌 돌을 뽑아내는 것은

침략이 된다. 일본 홋카이도의 아이누족이나 아메리카의 인디언처럼 유입 문화가 압도적으로 비중이라면 개척이라는 별개의 문제로 볼 수도 있다.

어릴 때부터 우리나라에서 자란 다문화 아이는 우리말을 유창하게 잘하지만, 그보다 더 오래 산 엄마는 우리말이 서툴다. 아이는 태어나면서 우리나라를 조국으로 생각하지만, 엄마는 태어나고 자란 원 국가가 모국이라는 밑바탕이 깔려 있기 때문이다. 국내에 온 지 불과 몇 년 만에 유창하게 우리말을 잘하는 사람이 있는가 하면, 수십 년을 살아도 우리말을 전혀 못 하는 외국인도 있다. 결국, 우리 문화에 동화하려는 마음 크기의 차이다.

공간, 익숙함이 사라지고

장마라고 했다. 며칠을 두고 비가 오더니 기어코 강이 범람했다. 잔뜩 화가 난 물은 강둑을 넘어 들녘의 수박밭, 보리밭까지 점령했다. 누런 황톳물을 타고 초가지붕이 떠내려갔다. 어른들은 발을 동동거리며 안타까워했지만, 나는 그 광경이 오히려 신났다. 가끔 돼지나 소가 떠내려가는 모습을 볼 때면 환호를 지르고 싶었다. 철없던 일곱 살 때였다.

비가 창문을 두드려 잠이 깨었다. 꿈이었다. 어릴 때 고향 마을에서 여름이면 자주 겪는 풍경이었다. 나이를 아무리 먹어도 꿈속 풍경은 어린 시절이 많다. 뇌리에 박힌 기억은 죽을 때까지 지워지지 않는 모양이다. 기억을

완진히 지워지는 데는 많은 시간이 필요한 것 같다. 상황이 충격적일 때는 더욱 그러하다. 그래서 망각은 정도에 따라 치매라는 병이기도 하지만 인간에게 반드시 필요한 정신 치료제이기도 하다.

인간은 혼자만의 고립된 상황이 되면 본능적으로 불안과 두려움을 느낀다고 한다. 그래서 인간을 사회적 동물이라고 한다. 이는 팬데믹 시대가 오래가서는 안 되는 이유이기도 하다.

지금 우리는 '거리두기'라는 익숙하지 않은 비사회적 관계의 삶을 살고 있다. 거리두기란 곧 공간의 확보다. 돌아보면 우리는 그동안 수많은 공간을 방문하며 살아왔다. 아침, 집을 나서는 순간부터 수많은 공간을 가진다. 하지만 지금은 공간을 벌리는 비대면이 익숙해져 간다. 이러다간 예전의 익숙함은 어린 시절 홍수 풍경처럼 꿈에서나 보게 되는 건 아닌지 모른다. 특히 자영업자에겐 살을 도려내는 고통을 주고 있다. 정부에서 여러 가지 대책을 내놓고 있지만, 좀처럼 나아지지 않는다. 예전의 익숙했던 시절로 돌아갈 수 있을지 의문이 들 지경이다.

시장은 온라인으로, 소통은 비대면으로 바뀌어 간다. 최소한의 교류도 반쯤 가린 얼굴이 익숙해져 간다. 단체 여행은 줄어들고 혼자 고민하는 사유의 탐색이 늘어난다. 그렇게 일상이 바뀌고 있지만, 무의식에서 오는 행동은 아직 변화를 따라오지 못한다. 무의식의 지배는 욕망에서 비롯된 것이라 프로이트가 말했다. 무의식에게 지배당하지 않기 위해서는 오로지 의식적으로 새로움과 익숙해지는 방법밖에 없다.

익숙한 것은 잘 지워지지 않는다. 생각해 보면 우리는 언제나 익숙한 것과 새로운 것을 선택하며 살아왔다. 새로운 선택은 익숙함을 바꾸는 변화다. 모든 변화에는 적응이 필요하다. 적응이란 공간의 변화에 대한 치료제라 할 수 있다. 새로움에 대한 적극적인 적응 노력만이 현명한 대처라는 것이다. 극복할 수 없는 것과 할 수 있는 것의 차이는 실천의 차이다. 그런 면에서 코로나 시대는 세상을 바꾸기 위한 과정인지 모른다. 두 걸음의 큰 전진을 위한 작은 한 걸음의 후퇴, 모쪼록 그 한 걸음이 작은 한 걸음으로 그치기를 바라며.

랜선을 통한 비접촉 화상 만남이 아무리 익숙해져도 직접 만나 나누는 감정과 같을 수는 없다. 모니터의 화면에서는 따뜻한 온기를 느낄 수 없다. 거리두기가 길어지면서 간혹 사람들의 따뜻함이 그리워지기도 한다. 누군가에게서 따뜻한 위로를 받기도 하고 또 누군가에게 위로를 주기도 하는 너무나 당연한 것들이 이제는 그리움의 대상이 되어가는 듯하다. 서로 멀어지고 격리해야 살아남는 시대, 아이러니하게도 만남과 스킨십의 소중함을 알게 해주고 있다.

미래를 상상해 본다. 팬데믹이 사라진 후 사람들은

악수하고 포옹을 한다. 손에 손 잡고 노래를 부르기도 한다. 악수란 무기를 소지하지 않았다는 신뢰의 표시라는 글을 본 적 있다. 그렇다면 포옹은 더 큰 믿음과 애정이 담길 것이다. 사람과 사람이 포옹하면 서로의 심장이 맞닿는다. 마치 온몸으로 말하는 듯 상대의 온기가 느껴진다. 그처럼 사람과 사람 사이 공간의 거리는 친밀도의 척도가 된다.

인간을 두고 사회적 동물이라 했듯 인간은 영원히 서로 거리를 두고 살 수는 없다. 그래서 익숙하지 않은 이 상황이 더 익숙해지기 전에 예전의 익숙한 공간을 되찾아야 한다. 그 방법은 아이러니하지만, 지금의 불편한 거리두기를 지키는 길뿐이다. 지금은 지금대로 할 수 있는 일을 열심히 해야 한다. 다시 포옹할 수 있는 날이 오면 지금의 마음을 떠올리며 일상을 감사하며 살아야겠다.

악필

큰아이가 초등학교 때 유일하게 다닌 학원이 서예
학원이다. 또래 아이들이 많이 다니는 태권도나 영어, 미술,
음악이 아니라, 찾기도 힘든 서예학원이라니.

"내가 한석봉이야 뭐야. 요즘 아무도 이런 거 안 배운단
말이야!"

거실 바닥에서 먹을 갈던 아이가 입을 삐죽 내민 채 불만을
토로하고 있다. 아내는 그런 아이에게 더욱 집중할 것을
추궁한다. 집중력이 약한 아이에겐 먹을 갈고 붓글씨를
쓴다는 건 보통 고통스러운 일이 아닐 것이다. 그 모습을
보고 있으니 왠지 미안한 마음이 든다. 아들의 모습에서
어릴 때 내 모습이 보았기 때문이다.

사람들은 자신에게 없는 재능을 가진 사람을 부러워한다.

그래서인지 나는 부러운 사람이 많다. 노래를 맛깔나게 잘 부르는 사람이 부럽고, 말을 유창하게 잘하는 사람이 부럽고, 글씨를 예쁘게 잘 쓰는 사람도 부럽다. 조금 창피하지만, 난 음치이고, 눌변이고, 악필이다. 어린 시절엔 그런 재능을 물려주지 않은 부모님이 원망스럽기도 했다. 어느 순간부터 있는 그대로의 나를 사랑해 주자 다짐했지만, 차마 내 노래와 말, 그리고 글씨는 사랑해 줄 수 없는 수준이다. 그 열등의식은 평생 나를 괴롭혀 트라우마가 되었다. 모임 후 노래방은 무조건 가지 않았으며, 말주변이 없어 아무리 억울해도 말다툼은 피했으며, 손 글씨를 보여주기 싫어 행사장 방명록에 서명조차 하지 않았다.

결혼하고 보니 아내도 비슷한 핸디캡을 가지고 있었다. 나보다는 나았지만, 말도 유창하지 않았고, 글씨도 예쁘지 않았다. 그나마 음치는 아니었다. 두 아들이 태어난 후, 우리를 닮을까 봐 걱정했는데, 말하기 영역이나 예체능 감각은 오히려 또래보다 나았다. 문제는 글씨였다. 안타깝게도 두 아들은 모두 악필이었다.

서예학원을 보내서인지, 큰아들은 차츰 글씨체가 좋아졌다. 큰아들은 글씨를 제외하곤 모든 영역이 뛰어나서 서예를 시킬 수 있었지만, 작은아들은 더 중요한 영역을 위해 서예는 시키지 않았다. 대충 그렇게 살아도 괜찮을 줄 알았는데, 사건은 늘 의외의 곳에서 벌어진다. 세월이 흘러 아이들이 성인이 된 후 작은아들에게 안타까운 일이 있었다.

작은아들이 한 지역 백일장에 나갈 일이 있었다. 작은아들은 사실 예전부터 백일장에 관심이 많았지만, 글씨가 악필이라 도전을 꺼려왔다. 보기 좋은 떡이 먹기도 좋다고, 백일장은 현장에서 직접 손으로 글을 쓰기 때문에 글맵시가 좋지 않은 사람에겐 불리하기 때문이다. 아니나 다를까, 처음 출전한 백일장에서 작은아들은 글씨 때문에 충격을 받은 일이 벌어졌다.

백일장이 끝난 후 심사위원의 심사평이 문제였다. '장원과 가작이 우열을 가리기 힘들었는데, 예쁜 글씨가 돋보인 작품을 장원으로 뽑았다'라고 했다. 아들이 가작이었다. 아쉬웠지만, 자신의 핸디캡을 알기에 인정할 수밖에 없었다.

아들은 악필로 인한 손해는 얼마든지 감수할 수 있었지만, '글씨를 보면 그 사람의 성격을 알 수 있다'라는 심사위원의 말에 상처를 받았다. 도대체 글씨로 사람의 성격을 평가하는 말이 너무 황당했다. 아들은 자신의 핸디캡을 알기에 살아오면서 손해를 볼 때도 인정하고 살아왔지만, 성격까지 무시당하는 상황은 처음이었다.

유감스럽게도 우리 주변엔 한석봉에 버금가는 명필이 많다. 우리 같은 악필은 그들을 보면 부럽다 못해 존경스럽기까지 하다. 글씨 하나만으로 이미 우리와는 다른 경지에 있는 사람 같다.

아들에게 말했다.

"아들, 우리 이것 인정하고 살자. 사실 우리 남들보다 조금은 성격이 급한 것인지도 모르잖니."

노래며, 글씨며, 말솜씨 조금 가지지 않았으면 어때, 내가 가지지 못한 능력, 생각해보면 가지지 못한 것이 아니라 타고나지 않았을 뿐이지 않을까. 세상에 타고나지 않은 것이 어디 하나둘일까. 어떤 분야는 부족해도 다른 어떤 분야는 뛰어난 부분도 있을 테니.

노래는 쉬운 노래 한두 곡 선정해 천 번쯤 연습하면 될 것이고, 말하기는 가상 상황을 만들어 대본을 쓴 후 자연스러울 때까지 외우면 되지 않을까. 글씨도 마찬가지, 꾸준히 연습하면 잘 쓰지는 못하더라도 보기 싫을 정도는 벗어날 수 있지 않을까. 낙숫물이 바위를 뚫듯 천번 만번 반복하면 중간은 가겠지.

다만 효율성이 문제다. 붓글씨나 펜글씨를 배우기엔 당장 현실적이지 못하다. 차분히 마음먹고 쓰면 처음 한 줄은 그런대로 볼만한데, 두 줄만 넘어가면 글씨는 지렁이가 된다. 마음을 다스리지 않고 생각 없이 쓰면 첫 글자부터 글은 삐뚤삐뚤 바람빠진 자전거가 된다.

급한 성격이 맞다. 마음을 가라앉히고 천천히 아주 천천히 한 글자 한 글자 또박또박 쓰면 그런대로 조금은 나아 보인다. 하지만 현실은 그런 여유가 없다. 빨리 쓰고 다른 일을 해야 한다. 더 큰 일, 더 중요한 일이 있기 때문이다.

승진 그리고 침대축구

아들이 난 화분 하나를 들고 왔다. 직장 내 동호회에서 승진을 축하하며 보낸 화분이다. 동기 중에 유일하게 승진했다니 대견하기도 하다. 늦은 나이에 들어간 공직이다 보니 인사권자가 나이를 고려한 모양이다. 아내는 아들이 나보다 낫다고 칭찬이다. 할 말이 없다.

아내의 말처럼 나는 직장 다닐 때 동기 중에 가장 승진이 늦었다. 능력 부족이 가장 큰 이유였지만, 굳이 변명하자면 주관이나 개성을 존중하지 않는 직장 구조가 마음에 들지 않아 업무에 충실하지 않았다. 유별나게 학연·지연 같은 라인이 굳게 형성된 곳이었다. 줄이 없는 사람이 승진하려면 두 얼굴을 가져야만 했다.

인성 좋고 능력 있는 선배가 늘 승진에 탈락하고, 라인

좋고 두 얼굴을 가진 후배가 먼저 승진하는 경우가 많았다. 직장에서 승진 경쟁에 낙오한 사람은 자연스럽게 도태된다. 라인도 없고, 능력도 없고, 카리스마도 없으니 승진이 늦는 게 자연스러운 일이다. 생각해 보면 독창성을 인정하지 않는 회사도 문제였지만, 그런 구조를 인정하지 않은 자신의 탓이 더 컸다. 하지만 다시 그 직장을 다닌다 해도 달라질 것 같지는 않다. 존경할 만큼 능력 있는 사람이 보이지 않는 것이 이유다.

다른 이야기지만 지금 아시안컵 축구가 한창이다. 개최국이 중동이다 보니 중동 국가들이 강세를 보인다. 중동 국가의 축구 특징 중 하나로 '침대축구'를 꼽는다. 이기고 있을 때 시간을 끌기 위해 다친 척 누워 시간을 끄는 방법이다. 대책으로 추가시간을 충분히 주지만, 중동 국가의 침대축구는 크게 달라진 것 같지는 않다.

침대축구는 경기에서 이기기 위해서 펼치는 작전의 하나일 것이다. 스포츠가 무엇이며, 축구가 무엇이던가. 달리고 차고 골을 넣는 본연의 목적과는 달리 어떤 방법이든 이기는 것이 목적이 되어버렸다. 해당 국가의 국민은 그렇게라도 올라가기를 원하는 것일까. 정의로운 패배 보다 비신사적이더라도 승리를 해야 옳은 것일까.

스포츠의 승부처럼 직장에서 희비가 엇갈리는 순간이 있다. 바로 승진을 발표하는 순간이다. 적은 승진 자리를 두고 많은 사람이 경쟁한다. 사람에 따라 인생 최대의 목표로 생각하기도 한다. 그래서 승진을 위해 실적도 쌓고 성과도 올리려고 노력한다. 문제는 노력과 결과에 따른 선의의 경쟁이면 좋겠지만, 그렇지 못한 경우가 많다. 승진을 위해 타인의 노력을 깎아내리거나, 소위 라인이라 부르는 파벌로 줄서기를 한다. 위에는 아부로, 아래로는 독선으로 자신을 돋보이게 하는 비겁한 행동을 밥 먹듯 한다. 본연의 목적과는 다른 플레이지만, 승진에 도움이 되기 때문이다. 그러다 보니 얼마만큼 노력하고 실적을 올렸는지보다 누구와 친하고 승진을 빨리했느냐가 더 중요한 것이 되어버린다.

어떻게 해야 승진하는지 모르는 건 아니다. 다만 그렇게 해서 승진하고 싶지 않다는 한 선배의 말은 결코 무능력의 변명으로 남지 않는다. 스포츠든 직장이든 인정을 받는 일에 인성이나 실력은 낭만에 불과한 것일까. 선배는 상사에게 비위 맞추고, 술 시중들고, 아랫사람을 억압할 시간에 조금 더 나은 일을 해보겠다던 생각이었다. 비록 매번 승진에서 탈락했지만, 나는 그가 싫지 않았다. 그런 낭만이라도 있어야 삭막한 직장에서 숨이라도 트일 것만 같았다. 절이 싫으면 중이 떠나야 하듯, 선배나 나는 결국 명예롭지 않은 조기 퇴직을 했다.

시간을 끌어 승리를 굳히려는 침대축구는 진정한 실력이 아니다. 장기적으로도 팀에 도움이 되지 않는다. 줄서기와

아부로 승진하는 것도 결국은 업무의 효율이 떨어져 직장에
도움이 되지 않는다. 좀 더 앞날을 내다보고 비록 우승하지
못하더라도, 승진은 하지 못하더라도 머리와 양심이
허락하지 않는 부끄러운 짓은 하지 않아야 한다. 침대축구나
줄서기는 나쁜 것이기 전에 부끄러운 짓이다.

나이가 죄인가

"늙은것들이 문제야."

"노인네들 운전면허 싹 다 뺏어야 해!"

인터넷 뉴스의 댓글이 눈살을 찌푸리게 한다.

최근 차량 돌진 사고가 연이어 일어났다. 뉴스를 전하는 매스컴은 사고 원인이 사람인지 자동차인지보다 두 운전자가 60대와 80대라는 것에만 주목하고 소식을 전하고 있다. 일부 네티즌은 한술 더 떠 노령 운전자를 달리는 흉기로 매도하며 60대 이상은 면허를 반납해야 한다며 고령자를 비하하는 말까지 하고 있다.

오늘날 노인 공경은 아예 대한민국을 떠난 지 오래다. 언제부턴가 나이를 먹는다는 것이 천덕꾸러기가 되었고 죄가 되었다.

젊은 세대가 교통사고를 내면 당연한 것처럼 조용하다가 60대 이상이 사고를 내면 득달같이 달려들어 물어뜯는다. 나이 많은 게 죄는 아닌데, 언어폭력이 심해도 너무 심하다. 노인이라는 이유만으로 싸잡아 비난하는 것을 보면 마치 자신들은 늙지 않을 것 같다. 황당한 죽음에 대한 안타까움과 분노가 엉뚱하게 노년층비하로 발전했다.

그들의 말처럼 모든 노인은 사고를 낼 수 있는 잠재적 위험을 가진 시한폭탄일까. 정말 노인들의 운전면허를 빼앗으면 모든 것이 해결될까. 노인 혐오로 번지는 현재 상황이 어처구니없기만 하다. 비판하기 전에 정확한 내용부터 파악해 볼 필요가 있지 않을까.

운동선수가 나이 들면 좋은 성적을 내지 못하는 것은 전성기와 비교해 힘이나 순발력이 떨어졌기 때문이다. 운전도 그와 같은 것일까. 단언컨대 그것과는 많은 차이가 있다. 스포츠는 극도의 스피드나 파워 또는 정밀도가 필요하지만, 운전은 경험과 기술력 그리고 운진 **습관**에 따라 사고율이 다르다.

경험 많은 의사가 의술이 뛰어나고, 오래된 어부가 고기를 더 많이 잡듯 운전도 그러하다. 물론 거동이 불편한 초고령의 경우는 예외다. 예를 들어 남자보다 스피드와 힘이 떨어지는 여자가 오히려 사고율이 더 낮은 것은 스피드나 파워가 문제 아니라 조심하려는 운전 습관이 더 중요하다는 것을 보여준다.

거두절미하고 통계를 보자. 보험공단의 통계에 따르면 책임보험 가입 차량 기준 전체 사고 발생률은 30세 미만이 7.9%로 가장 높고 60세 이상의 경우는 5% 수준이라고 한다. 젊은 층이 오히려 노령층보다 훨씬 사고율이 높다.

앞서 말했듯이 60대 이상 운전자가 사고율이 높아 보이는 것은 2~30대보다 운전자가 몇 배로 많기 때문이다. 먼저 인구수를 보면 우리나라는 베이비붐 세대인 60대가 20대나 30대 보다 훨씬 많다. 그뿐만 아니라 60대는 대부분 운전을 하지만, 20대는 자차가 없는 사람이 많아 운전자가 절반도 많지않다. 실제 도로에 운전하고 있는 사람은 20대나 30대보다 60대나 70대가 훨씬 많다는 것을 말한다.

서울의 교통사고 발생 건수가 지방 소도시의 교통사고 발생 건수보다 훨씬 많은 것은 서울 사람이 노령이거나 운전을 못 해서가 아니라 비교 인구가 다르고 환경이 다르기 때문이다. 쉽게 말해서 대도시에서 하루 100건의 사고는 시골에서 10건의 사고보다 비율로 보면 오히려 적게 발생한다는 것이다. 그렇듯 단순히 사고 건수가 많다는 말은 운전 인구가 많다는 말이다. 이는 사고 비율을 따지지 않고 사고 건수를 따지는 오류에서 비롯된다.

고령 운전자를 바라보는 곱지 않은 시선 때문에 운전대를 잡는 고령자는 갈수록 움츠러든다. 근거 없는 낙인과 갈라치기는 우리 사회에 세대 갈등을 조장한다. 정작 우리가 혐오해야 할 것은 남자라서, 여자라서, 노인이라서, 학생이라서 혐오하고 차별하는 그 자체 아닐까.

세대 갈등의 원인은, 어떤 세대를 한 마디로 싸잡아 결론지으려 하는 것에서 비롯된다. 우리 사회는 어느덧 차별하는 일이 일반적인 일이 되어버렸다. 누군가를 차별하면 자신이 남들보다 우위에 있다고 착각하게 된다. 착각은 자유지만 세상을 분석하는 능력은 빵점이다.

자기계발서 중독

독서 모임에 가입한 적 있다. 월 1회 리더가 추천한 책을 읽고 토론하는 모임이었다. 몇 번 참석하고 보니 뭔가 이상한 점이 있었다. 5년이 넘었고, 겉으론 회원이 많았지만, 활동하는 회원은 다섯 명 정도였다. 왜 그럴까, 살펴보니 모임의 리더가 추천하는 책이 모두 자기계발서였다. 창립 이후 5년 동안 단 한 번도 자기계발서 외 다른 장르를 다룬 적이 없었다.

복잡다단한 세상을 살아가기 위해선 다양한 장르의 공부가 필요한데 이해가 되지 않았다. 독서 편식은 편견을 가져올 수 있다며, 다른 장르도 다루기를 요청했지만, 일절 거절당했다. 그는 곧 재벌이 될 사람처럼 항상 흥분해 있었다. 아마도 다른 목적이 있는 사람이 아닐까 싶다. 가령

다단계 사업을 위한 정신무장을 시키는 과정이라든지. 이건 아니다 싶어 모임을 탈퇴했다. 십 년, 이십 년 지나도 그런 사람이 부자 되는 건 본적 없다. 아마 그 책을 지은 사람은 부자가 되었을 수도 있겠다.

오래전 자기계발서 한 권을 읽고 크게 감명받은 적 있다. 그래서 세상을 살아가면서 자기계발서 한 권쯤은 꼭 읽을 필요가 있다는 생각은 했었다. 그렇다면 책이라곤 오로지 자기계발서만 읽는 사람은 어떨까. 자기계발서를 열 권 읽으면 열 배의 정신무장이 될까. 그렇지 않다. 오히려 한 권만 읽었을 때보다 못하다. 매너리즘에 빠지기 쉽기 때문이다.

우리는 누구나 미래에 대해 꿈을 꾼다. 나이가 많든 적든 마찬가지다. 물질이든 명성이든 인생 성공을 원한다. 서점에 가면 그 성공의 비법을 전수한답시고 내놓은 자기계발서가 수없이 많다. 가장 많이 팔리는 장르이기도 하다. 사실 자신의 꿈에 대한 의지를 다지기 위해 지기계발서 한 권쯤 읽지 않은 사람이 어디 있을까 싶다. 우리는 성공한 사람의 습관이나 철학이 성공의 노하우를 줄 수 있을 거라고 믿는다. 책을 읽는 순간만큼은 자존감과 자신감이 생겨 곧 성공할 것 같은 느낌도 든다.

하지만 책대로의 실천은 쉽지 않다. 설령 하루 이틀 달라진 행동을 보이더라도 작심삼일이 된다. 왜 그럴까. 머릿속이 문제다. 목표는 분명 있지만, 실천하지 못할 이유도 같이 찾는다. 실천은 하지 않고 오로지 정신무장만 한다. 그렇게 반복되는 행동이 시간만 갉아먹는다. 그러다 보면 어느새 목표는 저 멀리 떠나있다. 처음의 의욕은 어디로 갔을까. 다시 다짐과 좌절을 반복한다. 더 큰 문제는 책의 말대로 똑같이 사고하고 행동했는데도 성공하지 못하는 경우가 더 많다는 것이다. 오히려 자기계발서가 뭔지도 모르는 사람이 더 성공하는 경우가 많다.

자기계발서가 알려주는 성공의 비법은 무엇일까. 깨우치자는 것이다. 무엇을 말인가, 표현과 비유 방법만 다를 뿐이지 모두 똑같다. 올바른 선택을 하고, 굳은 의지로, 끊임없이 실천하는 것이다. 누구나 아는, 정말 별 것 아닌 내용이지만, 설득력 있는 문장에 독자들은 가스라이팅 되고 만다. 쉽게 공감하는 내용이지만, 깊이 생각해 보면 우리의 삶을 성공과 실패를 가르는 것이 선택의 부재나 노력, 의지 부족의 문제인가 하는 의문을 가지게 한다.

우리는 착각 속에 산다. 가령 낚시꾼이 새벽 일찍 일어나 배를 빌려 타고 먼 섬까지 가서 천신만고 끝에 어느 날 커다란 감성돔을 잡았는데, 누군가 그 감성돔을 겨우 5만 원에 팔라고 했다면 과연 팔겠는가. 투자한 돈이 얼마인데, 절대 팔 리가 없다. 하지만 길을 가다가 누군가 감성돔 한 마리를 사라면 당장 필요한 사람 외엔 사지 않는다. 똑같은 고기를 두고 바라보는 관점이 다르기 때문이다.

행운이나 성공은 개인의 선택과 노력과 의지로 100%

빛어낸 결과물이 아니라는 사실이다. 모든 일에는 우연과 운이라는 게 적용한다. 우연과 운은 운명이라고도 할 수도 있다. 현실의 성공은 더욱 그렇다. 복잡다단한 변수가 작용한다. 사회 구조가 변수이고 시대의 특성도 변수이고, 개인의 운명도 변수이다. 능력 있고 똑똑한 사람이 죽어라 도전해도 이상하리만큼 이루지 못하는데, 별생각 없던 사람이 우연히 때를 만나 힘들이지 않고 자리를 차지하기도 한다. 가령 대통령이 되고 싶어 온갖 짓을 하던 사람이 끝끝내 되지 못하였는데 우연히 아주 우연히 세상이 그를 대통령으로 만든다. 아이러니하지만 그게 운명이다.

자기계발서의 남발이 위험한 것은 바로 여기에 있다. 약도 한두 번은 약이 되지만 과하면 독이 된다. 비슷한 내용을 가슴에 와닿는다고 운이나 환경 등의 다양한 변수를 배제하고, 머리로만 되새김질한다고 성공할 리 만무하다. 성공하지 못하면 결국, 세상을 원망한다.

책에서 말하는 내용을 보면, 두자를 갈헤야 한다거나 아침에 일찍 일어나야 한다거나 책을 매일 읽어야 한다거나 도전을 즐겨야 한다는 등 상투적인 글이다. 그 비법을 그대로 실천하면 성공에 이를 수 있다는 듯 말한다. 이런 책을 한두 권 읽는 건 나쁘지 않지만, 반복해 읽다 보면 엉뚱한 착각에 빠진다. 바로 책을 읽는 것만으로 자기계발을 하고 있다고 착각한다. 실제는 아무 결과를 낳지 못하면서 말이다. 그렇다고 자신이 성공하지 못하는 것을 사회나 운 탓으로 돌리란 말은 절대 아니다. 좌절하고 있으란 말은 더욱 아니다. 다만 개인의 다짐으로 모든 게 귀결된다는 생각을 해서는 안 된다는 말이다. 사실 세상일은 노력만으로도 안 되는 게 더 많다. 그런 경우 실패했을 때 그 모든 걸 내 의지 부족과 잘못된 선택 탓으로 돌린다면, 더 큰 좌절의 악순환이 올 수밖에 없다.

인간의 욕심은 끝이 없다. 한 가지 욕심을 이루고 나면 또 다른 욕심을 갖게 된다. 목표와 현실 간 괴리로 인해 번 아웃이 오거나 불만에 휩싸일 수도 있다. 꿈과 욕심을 구분할 필요가 있다. 자기계발서처럼 정신 통제에만 중점을 두면, 자신을 과대평가하게 된다. 세상 모든 일에는 우연도 있고 필연도 있다. 자신의 의지로만 모든 것이 결정된다고 착각하면 실패나 불행에 빠지면 자책하게 된다. 의지나 의욕 같은 자기 통제도 때로는 필요하지만, 그것이 다가 아니라는 것이다. 다양한 장르의 책을 읽고 다양한 사유를 키워야 한다. 자기계발서만 읽는 것은 오히려 자신을 병들게 만든다.

인생에는 우리가 통제할 수 없는 부분이 많다. 물론 꿈은 많을수록 좋지만, 과하면 나는 왜 안될까, 하는 마음의 괴로움만 생긴다. 꿈과 이상을 가지는 것에도 조화가 필요하다. 돈 많이 벌겠다는 자기계발서는 실패 아니면 성공이라는 이분법의 논리로 쓴 글일 뿐이니 중독되지 않게 조절이 필요하다.

울릉도를 걷다

아! 울릉도다. 포항을 출발해 세 시간 남짓, 멀리 대한민국 국토의 막내가 보인다.

동쪽 먼 심해선 밖의 한 점 섬 울릉도로 갈거나
금수로 굽이쳐 내리던 장백의 멧부리 방울 뛰어
애달픈 국토의 막내 너의 호젓한 모습이 되었으려니
창망한 물굽이에 금시에 지워질 듯 근심스레 떠 있기에
동해 쪽빛 바람에 항시 사념의 머리 곱게 씻기 우고……

청마 유치환의 시 울릉도, 바로 그곳이다.

내가 가장 가보고 싶은 국내 여행지는 단연코 울릉도였다.

울릉도는 자연이 준 대한민국 최고 비경을 가졌지만,

접근성이 어려워 쉽게 나서기가 망설여지는 곳이다. 방문객이 겨우 연간 50만 정도라니 1,000만 제주 방문객과 너무 비교된다. 마음먹고 계획을 세워도 기상이 좋지 않으면 배가 뜨지 않는 경우가 많으니 울릉도 여행은 만만치 않은 일이다.

그처럼 아무에게나 자신을 허락하지 않는 환상의 섬 울릉도를 세 명의 늙다리 청춘들이 발끝에서 머리끝까지 탐하고 왔다. 울릉도의 신비로움을 제대로 느끼기 위해 오로지 한발 한발 걸어서 섬과 하나가 되었다.

세월호 참사 이후 우리나라는 배편의 관광이 뚝 끊어진 상태다. 교통수단으로서 배는 안전하지 않다는 생각이 앞서서다. 알고 보면 울릉도행 배는 그렇게 걱정할 필요가 없다. 포항에서 울릉도를 왕복하는 여객선은 배의 앞부분에 배의 수평면을 자동으로 조절하는 미세 조정 탭이 설치되어 있어 선박의 흔들림을 잡아준다. 역삼각형의 배를 병렬로 두 개 연결한 모양인 쌍동선이라 물이 없어도 배가 기울지 않는 구조다. 당연히 파도 크기에 비해 배의 흔들림이 작다.

배가 들어서니 조용했던 도동항에 활기가 넘친다. 날씨마저 환하게 반겨주니 걸음이 가볍다. 도동항 벼랑 위 예사롭지 않은 나무 한 그루가 분위기를 압도한다. 수령 이천 년이 넘는 향나무라고 한다. 울릉도에 인간이 최초로 발을 디딘 역사를 넘어선다. 기암괴석의 해안선을 따라 찰랑대는 옥빛 물결도 환상적이다. '도동'은 울릉도의 행정과 문화의 중심지이다. 깎아지른 암벽에 부딪히는 파도와 해식동굴 아래 투명한 바닷속 풍광은 바로 이곳이 용왕이 사는 곳임을 믿어 의심치 않는다.

어디를 여행하더라도 음식은 그 지역 전통음식이어야 한다는 원칙론을 가지고 있다. 울릉도는 재료의 특별함으로 더욱더 그러하다. 일반적으로 오징어와 따개비칼국수, 홍합밥, 오징어내장탕, 울릉약소, 산채비빔밥, 더덕, 호박막걸리가 울릉도의 특별한 음식이다. 하지만 내가 꼽는 울릉도만의 특별한 맛은 따로 있다. 바로 기본 반찬으로 나오는 나물이다. 부지깽이나물을 비롯해 명이나물, 전호나물 등이다. 이 나물들은 울릉도가 주산지라 울릉도만의 고유한 맛을 담고 있다.

울릉도의 첫 끼니는 이 나물들과 함께 따개비칼국수를 먹고 트레킹을 시작한다. 도동항을 출발하여 어항인 '저동항'을 지나 걷다 보면 우리나라에서 가장 먼저 해가 뜬다는 내수전망대가 나온다. 죽도와 관음노까지 품는 풍광이 발길을 멈추게 한다. 수평선을 경계로 바다와 하늘이 누가 더 푸른지 경쟁한다. 이어지는 전망대에서 석포마을까지 길은 하늘이 보이지 않을 만큼 울창한 숲길이다. 적당한 오르막과 내리막이 연속되는 이 길은 우리네 굴곡진 인생사를 닮았다. 개척민들이 처음 들어와 터전을 잡기 위해 걸었던 태초의 길이라 한다. 울창한 외길을 걷다 보면 간간이 혼자 트래킹을 즐기는 사람도 보인다. 낯선 여행객들과 금세 친구가 되어 잠시 공감대를 가지는 것도 여행의 즐거움 중 하나다. 숲길을 내려오니 삼선암이 손을 들고 우리를 반긴다. 석포에서 죽암, 현포를 거쳐 추산마을까지 이어진 해안 길은 울릉도 최고의 비경이다. 그야말로 신비로운 이국적 풍경으로 마치 꿈속을 걷는 느낌이다.

조선 태종 때 울릉도 개척민이 처음 도착했다는 천부 마을이다. 오늘의 여정을 풀 추산마을이 손에 잡힌다. 서해의 석양이 황홀하다면 울릉도의 석양은 천지창조를 보는 듯 신비롭다. 뒤쪽으로 웅장하게 버티고 있는 송곳봉은 성불사를 앞에 두고 몇 개의 투를 가진 거대한 산수경석을 연출하고 있다. 개인적으로는 울릉도에서 만난 풍경 중 가장 이국적인 풍경으로 꼽는다. 그 어떤 형용사로도 표현 불가능하다.

황토집 추산일가에서 하루를 보내고 아침 일찍 성인봉으로 향한다. 성불사 약사여래불 앞에 잠시 걸음을 멈추고 부처님께 삼배를 올린다. 독도 수호와 울릉도의 안녕을 지키는 울릉도 최초의 부처. 성불사를 지나 30분쯤 걸었을까, 이내 나리분지가 나온다. 신생대 화산 활동 후 분화구가 함몰돼 생겨난 울릉도 유일의 평지라고 한다. 유월의 나리분지는 꽃들로 대궐을 이루고 있다. 지금도 아름다운데 가을이면 빨간 단풍으로 더 예쁘다고 한다. 그 풍경을 보기 위해서라도 다음 울릉도 여행은 가을로 미리 점찍어 둔다.

나리분지에서 성인봉으로 가는 숲길은 의외로 자연을 그대로 보존한 호젓한 길이다. 원주민이 살았던 투막집을 만나 우리는 옛사람이 되기도 하고, 신비의 약수터에서 약수 한 모금에 신령이 되기도 한다. 가파른 오르막이지만, 몸은 사뿐사뿐 날아오른다. 청량한 숲 향기가 힘을 주기 때문이다.

울릉도를 여행하고도 성인봉을 오르지 못했다면 울릉도 여행의 의미는 반감할 것이다. 그만큼 성인봉은 울릉도의 상징이다. 정상에 오르는 순간, 능선에 걸린 구름이 사방으로 움직이며 동해를 호령한다. 성인봉이 왜 성스러운 봉우리인지를 보여준다.

2박 3일의 마지막 날, '태하마을'은 빠질 수 없는 곳이다. 이곳에는 성하신당이라는 성황당이 있다. 조선 태종 때 울릉도 거주민을 육지로 이주시키면서 풍랑을 막기 위해 남자아이 한 명과 여자아이 한 명을 섬에 남겨두었다기 8년 후 돌아와 보니 그곳에는 꼭 껴안은 두 아이의 백골만 남아 있었다고 한다. 가슴 아픈 이 사연 속 두 아이의 넋을 달래기 위해 후세에 세운 것이 성하신당이다. 어릴 때 책에서 읽은 적 있는 사연이다. 너무 가슴 아파서 한동안 잠을 설쳤던 기억이다. 어쩌면 그 시절 문명이라곤 전혀 누릴 수 없는 멀고 먼 외딴 섬에서 힘든 삶을 이어간 주민들의 숙명이었으리라. 아이러니한 것은 우리 고유 무속신앙인

성황당 인근에 교회와 사찰이 새로 생겨 묘한 느낌을 준다.

섬을 오로지 도보로만 한 바퀴 돌아 다시 저동항에 도착했다. 일반적으로 울릉도 여행에서 독도는 빠질 수 없는 코스다. 하지만 도보로 계획한 울릉도 여행이라 시간이 부족할 것 같아 처음부터 독도는 일정에 넣지 않았다. 독도는 다음으로 기약하고, 마지막 대미는 첫날 출발지인 도동과 저동을 잇는 '행남해안산책도로'로 정했다. 첫날 아껴둔 곳이다. 미국 CNN 방송사가 세계 10대 아름다운 길로 선정할 만큼 멋진 길이다. 해안도로 시작점(저동)에 솟아 있는 촛대바위도 가슴 아픈 전설이 있었다. 효녀바위라 불리는 이 바위는 고기잡이 나간 아버지를 기다리던 외동딸이 기다림에 지쳐 돌로 굳어졌다고 한다. 한국판 클레멘타인 전설이다.

바닷물이 드나드는 바위굴과 아치형 다리로 이어진 환상의 행남해안산책도로는 바다에서 솟아오른 용암을 파도와 바람이 다듬어 놓은 것이다. 아치 밑의 동굴 속으로 파도가 하얀 물거품을 일으키며 철썩거리면 마치 용궁을 걷는 느낌을 준다.

울릉도는 어느 곳을 가더라도 신비롭고 기묘하지 않은 곳이 없어 허투루 지날 곳이 없다. 세계 최고의 여행 가이드북 '론리플래닛'이 울릉도를 세계 최고의 숨겨진 비경 중 하나로 꼽는 데는 그만한 이유가 있다.

이렇게 아름다운 곳이 우리 대한민국에 있으니 얼마나

고마운 일인가. 해외여행은 여러 번 다녀왔어도 울릉도는 처음 방문했다고 생각하니 부끄러울 뿐이다. 울릉도의 이미지는 한마디로 에메랄드 바다 위에 쥐라기공원을 펼쳐놓은 모습이다. 배편의 불편함을 이유로 쉽게 방문을 결정 못 하는 것은 바보짓이라는 것을 다녀온 뒤에야 안다. 울릉도를 방문해 본 사람이라면 울릉도를 대한민국 최고의 비경으로 꼽는 것에 아무도 반대하지 않는다.

울릉도는 도둑과 공해와 더불어 뱀이 없는 곳이라 한다. 뱀이 없는 이유는 향나무 때문이라고 한다. 향나무의 향은 인간에겐 심신을 안정시켜 주지만, 뱀이 싫어하는 향이라고 한다. 멀어져가는 도동항의 벼랑 위, 이천년을 지켜온 향나무가 떠나는 우리를 말없이 바라본다. 울릉도의 지킴이로 굳게 뿌리를 내리고 있는 향나무, 언제 다시 와도 반겨주겠다고 손짓한다.

"잘 가"

"잘 있어, 다음에 또 올게"

4부

개의 전성시대

김성진 수필집

권력 이동

아침 댓바람부터 아내의 잔소리가 시작된다. 어제는 창고가 지저분하다고 난리더니, 오늘은 정원의 나뭇가지가 거실 조망을 가린다고 잔소리다. 나이를 더해 갈수록 별것 아닌 것에도 잔소리가 많아졌다. 예전엔 그렇지 않았는데, 왜 저렇게 변했을까. 친구들에게 아내가 변했다고 하소연하니, 자신들도 겪는 똑같은 증상이라고 한다.

생각해 보면 기성세대는 대체로 남자 중심의 가정생활이었다. 이는 경제력과 무관하지 않았다. 남자는 특별한 경우를 제외하고 노년이 되면 경제활동이 크게 떨어진다. 바쁘게 활동하다가 은퇴하면 가족과 편하게 많은 시간을 보내고 싶은 마음이다. 하지만 그 시기가 되면 여자의 마음도 변한다. 그동안 남편 내조와 아이들

뒷바라지까지 가사노동으로 독박을 썼던 여자들도 희생으로 살아온 생활에서 벗어나 자신만의 시간을 가지고 싶어 한다.

그렇게 삶의 중심축이 바뀌면서 가정의 서열 관계도 변화가 일어난다. 주도권 싸움이 벌어진다. 경제력이 떨어진 남자의 주도권은 점차 여자에게로 넘어간다. 나이 들수록 권력 이동은 더욱 빨라진다. 자녀들조차 엄마와 더 가까와 여론을 등에 업은 여자들은 점차 목소리가 올라간다. 적당한 타협이 이루어지지 않으면 황혼 이혼이라는 안타까운 일도 일어난다. 어느 한쪽의 잘못이 아니라 사회 구조적인 문제다.

지금의 젊은 세대는 경제활동은 물론이고 가사와 육아까지 처음부터 공동으로 이루어지다 보니 노후에도 큰 변화는 없겠지만, 기성세대는 은퇴 후 새로운 설정이 필요하다. 먼저 새로운 변화를 받아들이려는 마음부터 가져야 한다. 사랑하는 가족을 위해 내가 할 수 있는 새로운 일이 무엇인가 생각해야 한다.

살면서 부딪히는 모든 문제의 해결 방법은 서로를 이해하는 데 있다. 남편들은 오랫동안 함께 살아왔기에 아내의 마음도 나와 같을 것이라는 생각을 버려야 한다. 자세히 들여다보면 그동안 아내의 희생과 양보로 살아온 경우가 대부분이다. 가령 거주지를 결정하는 일에도 배우자가 도시를 좋아하는지, 전원생활을 좋아하는지, 여행할 때도 바다를 좋아하는지, 산을 좋아하는지, 배우자의 뜻에 따라 결정했는지 생각해 보면 그렇지 않았던 것이 사실이다. 이젠 자신을 돌아보고 배우자의 삶도 존중해야 한다. 은퇴 후까지 자신의 의사만을 고집한다면 불행한 노후가 될 것이다. 자신보다 배우자의 생각을 존중하는 것이 곧 행복한 노후로 가는 길이다.

하지만 노년에 와서 갑자기 성격이나 취향을 바꾸기가 힘들다. 아내의 생각을 긍정적으로 받아들여 나와 다른 생각은 나의 단점을 보완하는 것으로 해석하고 이제는 내 생각을 바꿔본다면 어쩌면 새로운 재미도 느낄 수 있다. 하루 이틀 살아온 사이가 아니기에 이제 부부 사이 관계도 재설정해야 한다. 수치로 정할 순 없지만, 적절한 거리와 균형도 필요하다. 부부 사이에도 같이 해야 할 것과 따로 해야 할 일을 구분해야 한다. 가족보다 개인의 일 비중이 더 높아서도 안 된다. 이때 세 끼 끼니도 변화가 필요하다. 소위 삼식이 생활도 서로가 만족하는 방법으로 변해야 한다. 이왕이면 한 끼 정도는 남자가 책임지는 방법도 좋다. 그것이 설령 짜장면이나 라면 한 그릇이라도 좋다.

마음을 나누는 데 가장 필요한 것은 공감해 주는 마음이다. 마음이 있어도 '표현'하지 않으면 아무 의미가 없다. 나이 들수록 몸과 마음이 약해지기 때문에 가까운 사람의 위로나 공감이 큰 힘이 된다. 우리나라 기성세대에게 가장 부족한 것은 '표현'이다. 가장 가까운 사람의 공감은 큰 힘이 된다. 나이가 들고 세상을 알아갈수록 사람의 마음이

고맙고 소중하다. 노년이 되어가면서 가장 필요한 것은 희생과 사랑이다. 사랑하는 사람에게 내 마음을 전하면 절로 기분까지 달라진다. 이보다 좋은 일이 어디 있을까. 남자들이여, 행복을 위해서 아내에게 권력을 내주어라.

개구리바위와 누이

내 고향 진주시 대평면은 모든 마을이 진양호를 품고 있다. 내가 태어나 유년기를 보낸 곳은 대평면의 가장 남쪽에 있는 내촌마을이다.

시간을 거슬러, 경제개발이 한창이던 1970년. 지리산에서 발원한 덕천강과 덕유산에서 발원한 경호강이 만나는 진주시 판문동 '너우니'라는 곳에 다목적 댐이 건설되면서 진양호라는 거대한 인공 호수가 생겼다. 호수가 생기면서 내촌을 비롯한 많은 동네가 수몰되었다. 내촌에서 진주 시내를 오가는 도로도 당연히 물에 잠겼다. 지금은 호수를 가로지르는 대교가 놓여 시내까지 일각이면 갈 수 있지만, 수몰 후 한때는 배를 타고 가거나 인근 사천시 완사마을을 둘러 가야만 하는 오지가 되었다.

댐이 생기기 전, 내촌은 150여 가구가 살던 제법 큰 마을이었다. 그때는 내촌이라는 법정 이름보다 '마동'이라는 구전 이름으로 더 알려진 곳이다. 마동은 동네를 둘러싼 뒷산이 말을 닮았다고 붙여진 이름이었다.

당시, 마동에서 시내로 가는 길은 덕천강을 끼고 지금은 섬이 된 귀곡동을 거쳐 가는 길이 유일했다. 덕천강 둑길이 끝나고 오르막이 막 시작되는 지점, 바로 그곳엔 개구리를 닮은 커다란 바위가 있었다. 그 바위 맞은편엔 용이 누워있는 모습을 한 구릉도 있었다. 사람들은 그곳을 '개구리바위'와 '용설터'라 불렀다. 그곳은 인적이 드문 한적한 곳이었다. 밤이면 도깨비와 처녀 귀신이 나온다는 소문도 있었다. 그렇게 무서운 곳이지만, 시내로 가기 위해서는 반드시 지나야 하는 길목이었다.

내가 일고여덟 살 정도였던 것 같다. 무 농사를 짓던 부모님은 장날이면 새벽 일찍 손수레에 무를 가득 싣고 시오리나 되는 '너우니'까지 새벽 장사를 나가곤 했다. 그럴 때면 누이와 나는 리어카를 밀며 따라가기도 했다. 그날도 부모님을 따라 새벽 장을 다녀오고 있었다. 돌아오는 길은 어둑한 새벽의 무서움이 사라져 늘 즐거운 시간이었다. 우리는 아버지가 끄는 손수레에 올라탄 채 신나게 노래를 부르고 있었다.

"고기를 잡으러 바다로 갈까♬ 고기를 잡으러 강으로 갈까♪"

마침, 개구리바위 옆을 지나고 있었다.

"애들아, 저 개구리바위엔 가슴 아픈 전설이 있단다."

아버지는 개구리바위 설화를 들려주었고, 우리는 귀를
쫑긋하고 들었다.

"옛날에 한 스님이 탁발을 위해 마동에서 제일 부잣집에
들렀단다. 마침 바깥주인은 없고 부인만 있었는데, 스님이 대문
밖에서 염불을 외며 시주를 구하자, 여자는 아무것도 없다며
시주를 거절했단다. 분명 부잣집이라 소문난 곳인데 말이다.
야박한 여자에게 스님은 무엇이든 좋다며 성의껏 달라고 다시
한번 간청했단다. 그러자 여자는 소똥 한 바가지를 퍼주었단다.
스님이 소똥을 얻어 나오는데, 마침 바깥주인이 외출에서
돌아오면서 이 광경을 봤단다. 남자는 스님에게 정중히 사과하고
쌀 한 말을 시주했다는구나.

시주를 받고 나오다가 문득 주인 남자 얼굴이 어둡다는 것을
느낀 스님이 무슨 근심 걱정이 있냐고 물었더니, 남자는 병이 깊은
홀아버지 묏자리를 못 구해 걱정이라고 했단다. 그 말에 스님은
동네를 빙 둘러보더니, 건너편 산이 비구름을 머금은 용의 형상을
하고 있으니 그곳이 명당이라고 알려주었단다. 다만 그곳에 뫼를
쓰면 집안이 흥하고 자손도 번성하겠지만, 산소 아래에서는 가족
중 누구도 절대 목욕을 해서는 안 된다고 말했단다.

얼마 뒤 남자는 아버지가 돌아가시자 도승이 알려준 곳에 산소를
썼는데, 장례를 치른 부인이 더위를 참지 못해 강으로 내려와 멱을

감았단다. 그 순간 부인은 그 자리에서 큰 바위로 변해버리고 하늘에는 먹구름이 덮이면서 굵은 빗방울이 쏟아졌다고 한다. 그 뒤부터 그 집안에 여자가 시집오면 악녀가 되거나 미치광이가 되어버렸단다.

가세가 기울자 남자는 풍수사를 불러 묏자리를 다시 보았는데, 풍수사가 말하기를 터는 좋으나 강 가운데 있는 개구리가 죽은 용의 허리를 감고 있는 형국이기 때문에 개구리 바위 옆에서 멱을 감으면 죽는다고 했고, 또 건너편 용설터에 산죽이 나면 난리가 일어난다고 했다. 물론 그 이유 때문은 아니겠지만, 그곳에 산죽이 돋아나자 실제 1950년 전쟁이 났었단다."

아버지에게서 개구리바위 설화를 들은 후부터 그곳을 지날 때면 늘 가슴이 서늘했다. 서너 해가 지났을 때였다. 남강댐이 건설되면서 마을이 수몰된다고 했다. 이웃들은 고향을 떠나 곳곳으로 이사를 하기 시작했다. 우리 집도 마찬가지였다.

철없던 나는 도시로 이사한다는 게 왜 그렇게 좋았을까. 하지만 내 누이는 떠나기 싫어 그렇게 서러운 모습 보이더니, 결국 고향을 떠날 무렵 사랑하는 내 누이를 저 진양호는 영원히 앗아 가버렸다. 개구리바위에서 멀지 않은 곳이었다. 아마도 누이는 고향을 떠나기 싫었던 모양이다. 온 가족에게 눈물만 남겨주고 내 누이는 저 파란 물속에 영원히 잠들어 있다.

수많은 시간이 흘러 다시 돌아온 고향, 내 어릴 때 뛰어놀던 집도 학교도 개구리바위도 물속에 잠겨 흔적도 없다. 바다 같은 호수, 먹빛 물속에 세상 시름 묻어둔 채 잡초만 무성하다. 타임머신 타고 돌아갈 수는 없는 것일까. 내 누이는 지금도 저 파란 물속에서 환하게 웃고 있다. 지척에 두고 있지만, 내 어린 시절의 동네, 내촌의 옛 모습을 난 영원히 잊을 수가 없다.

개의 전성시대

주말 오후 강변을 걷고 있었다. 차가운 날씨에도 띄엄띄엄 산책하는 사람이 많다. 한 젊은 부부가 방한이 잘 된 유모차를 밀고 지나간다. 무심코 유모차 속의 아기가 궁금했다. 고개를 숙이고 안을 들여다보다 깜짝 놀랐다. 유모차 속엔 아기가 아니라 강아지가 타고 있다. 패딩까지 입은 강아지가 편안해 보인다. 그러고 보니 강변 산책길엔 아이 손 잡고 나온 사람보다 강아지 줄 잡고 나온 사람이 더 많다.

나 역시 오랫동안 개와 고양이를 키워왔다. 모두 한 가족처럼 생각해 왔지만, 산책은 늘 개하고만 나간다. 개는 같이 나가는 것을 좋아하지만,, 고양이는 사람과 산책하는 것을 싫어하기 때문이다.

"우리 막둥이는 올해 15살 개르신입니다. 눈도 잘 보이지 않고 관절까지 좋지 않아 산책을 잘 나가지 않으려고 합니다. 예전처럼 캠핑도 가고 산책도 다니고 싶은데, 방법이 없을까요?" 늙은 강아지를 개르신이라 부르는 어느 애견인의 하소연이 인터넷에 올라와 있다. 요즘은 자식이나 부모보다 개와 함께 사는 사람이 점점 많아져 간다.

분명 노령화 시대인데, 할머니 할아버지는 어디로 간 것일까. 가족사진엔 할머니, 할아버지가 없고 그 자리를 개가 차지하고 있다. 미술 시간 아이들이 그린 가족 그림에도 마찬가지다. 해마다 반려동물을 키우는 가구 수는 늘어나지만, 부모를 모시는 가구 수는 줄어들고 있다.

더군다나 반려동물 70% 이상이 개라고 하니 가히 개의 전성시대이다. 다른 동물에 비해 개가 특별히 사랑받는 이유는 동물 중 개가 인간과 가장 유대감이 높기 때문이라고 한다 사실 개가 인간에게 충성하는 것은 인간과 함께 살기 위한 그들만의 방법이다. '애견인'이란 말은 있어도 애묘(猫)인, 애우(牛)인, 애돈(豚)인이라는 말은 거의 쓰지 않는다. 애견인이라는 말에는 인간도 개를 사랑하고 존중하는 인격적 대상으로 본다는 뜻이 담겼다.

그러고 보면 개는 인간에게 많은 도움을 준다. 친구가 되어 함께 산책을 즐길 수 있는가 하면 낯선 사람이나 수상한 사람을 보면 주인을 보호해 주기도 한다. 특히 혼자 사는 외로운 사람에겐 외로움을 해결해 주는 역할도 한다. TV

방송에 동물을 소재로 한 프로그램도 많이 생겼다. 출연 동물은 개가 압도적이다. 이렇듯 개와 인간은 상호보완 역할을 한다.

생각해 보면 인간에게 그동안 '개'라는 단어가 좋은 표현은 아니었다. 인간의 행위나 사물의 형태에 '개'라는 접두어를 붙여 최악의 상태를 표현하는 말로 써왔다. 개판, 개꿈, 개죽음, 개살구, 개망신, 개수작, 개고생, 심지어 개의 새끼라는 말까지. 가족처럼 생각한다면서 온갖 부정적인 것은 개에 빗대는 걸 보면 참 아이러니한 일이다.

시골로 이사 온 후 개가 두 마리로 늘었다. 원래 키우던 한 마리와 은근슬쩍 우리 집에 와서 정착한 유기견 한 마리다. 늘 함께해온 가족 같지만, 실내에는 들이지 않는다. 사랑이 작아서가 아니라 서로를 위해서다. 하늘을 나는 새와 물속의 물고기는 사는 곳이 엄연히 다르듯 인간과 개도 서로 좋아하는 환경이 다르다는 생각이다. 야외라도 깨끗한 환경을 만들어 주고. 수시로 함께 놀아주는 것이 서로에게 좋다는 생각이다. 실내에서 함부로 대소변을 보지 못해 스트레스를 받는 개, 털이 빠져 알레르기나 비염을 겪는 사람, 서로가 힘들 수 있어 다른 장소가 필요하다.

개가 아무리 사람과 친밀해도 사람과 완전히 동일시할 수는 없다. 인간에게는 개가 지킬 수 없는 사회적 책임과 윤리가 있기 때문이다. 인간은 스스로 호모사피엔스라는 수식어를 붙여 모든 동물의 최상위라고 자부한다. 개에 대해 친밀도도 사람에 따라 극과 극이다. 개를 자식보다 더 귀하게 대하는 이가 있는가 하면, 개를 식용하는 사람도 있다. 개라고 다른 동물보다 특별할 이유는 없다. 개와 친밀하다고 나쁘다는 말도 아니다. 다만 인간과 구분은 해야 하고 개보다 못한 짓은 하지 말아야 한다.

TV 화면에 많은 사람이 차도를 점령한 채 지나간다. 피켓을 들고 자신들의 주장을 외친다. 공익을 포기한 집단 이기주의자들, 어찌 동물보다 낫다고 할 수 있을까. 인간도 동물의 한 종이다. 스스로 짐승과 인간을 분리해 부르지만, 짐승만도 못한 인간들이 많아지고 인간보다 나은 개도 있는 만큼 동물을 짐승이라 불러서는 안 되겠다.

지나가는 승용차 창문으로 긴 털을 날리며 바깥 구경하던 개 한 마리가 짖는다. "멍 멍, 참말로 개판이야, 개판." 누구에게 하는 말인지 알 수가 없다. 머지않아 인간보다 개체 수가 많아져 개의 지배를 받는 시대가 오는 것은 아닌지. 생활언어도 '멍멍어'로 바뀌는 것은 아닌지.

산부인과는 하나둘 문을 닫고 애견샵이나 동물병원은 늘어난다. 사람보다 애완동물 수가 더 많아 사람이 살아야 할 집에 개와 고양이가 주인 자리를 두고 다툼을 벌이는 날이 머지않아 올 것 같다.

집, 이 겨울의 행복

집은 행복이다. 작든 크든, 값비싼 가구로 채워져 있든 아니든, 자가든 월세든, 종일 밖에서 일하다가 저녁이 되면 돌아가 쉴 수 있는 집이 있어 우리는 행복하다. 간혹 부득이한 사정으로 집으로 돌아가지 못하는 노숙자들도 언젠가는 집으로 돌아가는 게 가장 큰 소망이다.

어떤 순간에도 돌아갈 집이 있다는 게 그렇게 감사한 날이 있다. 매서운 추위가 몰아치는 겨울밤, 밖에서 벌벌 떨다 집으로 돌아오는 순간 그런 마음이 든다. 영하의 추위를 견디다 온기를 내뿜는 집으로 들어오면 그야말로 천국이 따로 없다. 추운 겨울뿐만 아니라 힘든 하루를 보낸 날도 그러하다. 하늘 높은 줄 모르고 치솟는 물가에 외식 한번 하기 힘들지만, 따뜻한 내 집에 오면 시래기국 하나라도 그렇게 행복할 수 없다. 집에는 나를 반기는 가족이 있고, 내 손때 묻은 물건들이 반갑게 맞아주기 때문이다. 이런 온기를 유독 느낀 날이 있다.

결혼기념일, 아내와 외식을 하기로 한 날이었다. 하필 그날은 일요일이었으며, 올겨울 들어 가장 추운 날로 외출을 자제하라는 뉴스가 나왔다. 매콤한 아귀찜이 먹고 싶다는 아내의 말에 자주 가던 아귀찜 식당을 찾아갔는데, 식당이 휴무였다. 추위에 떨며 주변 다른 아귀찜 식당을 찾아갔지만, 역시 문이 닫혀 있었다. 일요일엔 대부분의 식당이 문을 열지 않는다는 것을 생각하지 못했다.

폭풍 검색으로 진주 시내 모든 아귀찜 식당을 검색하여 문을 연 한 식당을 찾아냈다. 승용차로 30분이나 걸리는 곳이었다. 아내는 그냥 가까운 곳에서 아무거나 먹자고 했지만, 아귀찜은 아내가 가장 좋아하는 음식이고, 날이 날인 만큼 그럴 수는 없는 일이었다.

우여곡절 끝에 찾은 아귀찜 집은 오픈한 지 얼마 되지 않은 체인점이었다. 내부는 깔끔했지만, 문제는 음식이 입에 맞지 않았다. 매콤하고 깔끔한 맛을 기대했지만, 느끼하고 달았다. 아마 체인점의 특징이 모든 요리를 직접 만드는 게 아니라 양념과 재료가 본사에서 맞춤으로 공급하기 때문에 맛이 신선하지 않기 때문이다. 귀를 에는 추위를 무릅쓰고 먼 곳까지 온 것이 후회되었다. 먹는 둥 마는 둥 대충 식사를 한 후 주변 커피숍에서 커피 한 잔을 마시고 다시 매서운 찬바람을 맞으며 집으로 돌아왔다.

"역시 따뜻한 우리 집이 최고야"

우리는 동시에 말했다. 따뜻하게 반겨주는 집이 이렇게 고마울 수가 없었다. 점심 한 그릇을 먹기 위해 집을 나선 지, 네 시간 만에 집으로 돌아왔다. 추운 날씨에 맛도 없는 아귀찜 하나 먹고 왔지만, 실내온도를 미리 설정해 놓고 다녀온 덕에 집은 따뜻하게 우리를 반겨 주었다.

벌이 벌통을 찾아가듯 우리는 하루를 마치면 집으로 간다. 하루도 빠짐없이 가지만, 집은 언제나 그 자리에서 우리를 맞이한다. 가족이 있어도 없어도 우리는 하루 일을 마치면 집으로 간다. 궁궐같이 화려한 집이라도 곰팡이가 핀 단칸방이라도 마찬가지다. 마치 하루의 최종 목표처럼. 오늘도 무사한 것에 감사하고, 내일을 기대하며 하루를 마무리 한다.

우리가 가진 것 중 감사한 것이 무엇이 있을까. 무심코 지나쳐 왔지만, 소소하고 확실한 행복을 우리는 미처 느끼지 못하고 있다. 내게 지혜를 넓혀주는 책장 속의 책들, 세상 소식을 전해주는 거실의 텔레비전, 싱싱한 음식을 제공해 주는 냉장고, 업무를 도와주는 노트북, 편안한 잠자리를 제공해 주는 침대, 밥을 만들어 주는 밥솥까지, 집에 있는 그 모든 것이 우리에게 행복을 준다.

따스한 온기로 나를 맞이해 주는 집, 이사를 하더라도 정이 들면 금세 그곳이 새로운 보금자리가 된다. 집이란 원래 그런 곳이다. 어딘가에 우두커니 자리 잡고, 내가 어떤 모습이든 어떤 마음이든 항상 기다려준다. 사랑하는 가족이 있고 내게 편히 꿈을 꾸게 하는 곳이다.

　가물가물 기억조차 희미한 어린 시절의 첫 번째 집도 꿈속에서만큼은 선명하게 나오는 걸 보면 집이란 영원히 변하지 않는 마음을 가지고 있다. 집은 사람의 흔적이 지워지면 차가운 콘크리트 속 유령의 집으로 다가오지만, 삶의 흔적을 덧댄다면 포근한 안식처로 다가온다. 그 안에 가족의 웃음과 눈물, 한숨까지도 들어있기 때문이다.

　유난히 추운 겨울, 몸과 마음이 추위에 떨고 있는 사람이 있다면 기도하고 싶다. 세상의 온기는 언제나 당신을 기다리고 있으니, 힘내라고. 따뜻한 집에 앉아 이 시간 누군가는 차가운 거리를 헤매고 있을 것만 같아 마음이 무거운 밤이다.

지구를 생각하며

　귀촌하면서 폐업을 했다. 정확히 말해 귀촌이 폐업 이유가 아니라 경쟁력이 없어 그러했다. 컴퓨터 관련업을 했었다. 인터넷의 속도만큼이나 광속으로 변하는 게 컴퓨터 기술이다 보니 젊은 세대를 이길 수 없었다. 업을 접는다는 게 마음 편할 리 없다. 직장생활도 20년 만에 조기 퇴직했으니, 그 마음인들 오죽하랴. 자영업의 평균 유지 기간이 2년이라는 통계를 볼 때 10년이나 했다는 것은 대단한 일이라고 말할 수 있지만, 결과적으로 빚만 늘었다.

　폐업을 결정하는데 고민만 1년을 했다. 한동안 마음이 허전할 것 같았다. 직장을 그만둘 때처럼 아무도 없는 곳에서 혼자 울고 있지는 않을까 걱정했지만, 이후 계획도 세운 상태라 그렇게까지는 힘들지 않았다. 얽히고설킨 인간관계가 없으니 차라리 속이 시원했다. 그보다 재고나 설비를 정리하는 일이 문제였다.

매장을 정리하기 위해 더 쓸 물건인지, 버릴 물건인지를 먼저 분류하고, 다음 버린다면 재활용되는지, 안 되는지도 구분했다. 구석구석 박힌 10년의 살림살이를 모조리 꺼내 보니 양이 만만치 않다. 정리한다는 게 쉬운 일이 아니었다. 재고는 동종 업계에 헐값으로 넘기고, 집에서도 계속 쓸 수 있는 집기는 집으로 가져왔지만, 많은 것이 쓰레기가 되어 버려야 했다.

여태 잘 쓰던 물건이 하루아침에 갑자기 쓰레기로 변한 모습을 보니 마음이 편치 않다. 자영업의 개, 폐업이 다량의 쓰레기를 발생시켜 환경문제에 엄청난 악영향을 끼친다고 생각하니 보통 문제가 아니라는 생각이 들었다.

어쨌든 사용 가능한 재고와 설비는 정리했지만, 다시 사용이 불가한 물건들은 버릴 수밖에 없다. 보관하자니 공간도 없고, 보관해도 사용하지 않을 것이 불을 보듯 뻔하다. 폐기물 딱지를 붙이며 심한 죄책감이 느껴졌다. 이렇게 많은 쓰레기를 생산한 죄를 어떻게 씻을까 싶다.

불편한 마음으로 이것저것 정리하다 보니 넘쳐흐르는 자영업자들이 자연스레 떠오른다. 우리나라는 특히 자영업 비율이 높은 나라다. 문제는 이들의 생존율이 평균 2년을 넘지 못한다는 점이다. 이렇게 낮은 자영업 생존율 속에서 폐업 때마다 발생하는 쓰레기양은 얼마나 될까. 재활용으로 중고시장에 매물로 나온 물건이 쌓여간다는 보도만 봐도 쓰레기의 양이 짐작된다. 개업할 때 갖춘 많은 물건이 몇 년 안에 쓰레기로 변한다는 사실에 마음이 아프다.

사용하던 물건만 버려지는 게 아니다. 인테리어에 사용한 내장재, 외장재도 뜯겨 나간다. 자영업의 흥망성쇠가 빠를수록 인테리어 업자만 배부를 뿐이다. 어떤 자영업이든 시작하려면 어느 정도 공간을 손봐야 한다. 콘셉트에 맞게, 유행에 맞게, 손님들을 끌 수 있도록 꾸미면서 나무, 타일, 벽돌 등 많은 자재가 교체된다. 그야말로 쓰레기가 산처럼 쏟아진다.

자영업의 처참한 생존율이 환경에도 영향을 미친다는 사실을 직접 폐업하기 전까지는 미처 알지 못했다. 10년을 영업하면서 수 없는 위기에 부딪혔다. 경기는 대체 언제 좋아지는 건지, 매출은 갈수록 줄어들고, 물건과 인테리어는 세월보다 빠른 속도로 낡아간다. 임대료나 인건비가 나가지 않아 간신히 10년을 버텼다. 그렇지 않았다면 나 역시 수년 안에 폐업의 길을 갔을지 모른다. 만일 그런 상황이었다면 나는 얼마나 더 큰 죄책감 속에 가게를 정리해야 하지 않았을까 싶다.

모든 물건은 잠재적인 쓰레기다. 아무리 비싸고 질이 좋은 물건이라 해도 세월에는 장사 없이 결국 쓰레기가 된다. 저렴한 물건은 어떨까. 비용 절감에만 목표를 맞춰 생산한 물건은 그만큼 수명도 짧다. 싸게 구입했으니 버리는 마음도 가볍다. 가게를 정리하면서 오래 두고 쓰는 물건이라도 버릴 때를 꼭 염두에 두고 구입해야겠다는 생각이 든다.

귀촌한 지 8년이 지났다. 창고에는 현재 텃밭농사에 필요한 농기구부터 과거 매장에서 사용했던 물건까지 점점 공간을 점령해 나간다. 창고정리를 수시로 하지만, 어떻게 된 건지 창고는 자꾸만 빈틈이 줄어간다. 이유는 물건을 함부로 버리지 못하기 때문이다. 8년 전 폐업하면서 처리하지 못한 물건이 아직도 창고에 많이 남아 있다. 절약 정신이 강하다고 주장하지만, 저장강박증이 있는 건 아닌지. 사양이 좋아 헐값으로 처리하지 못한 일부 컴퓨터들이다. 8년이란 세월은 좋았던 사양도 쓸모없게 만들었다. 욕심이 만든 결과다.

다시 한번 미니멀 라이프를 생각한다. 꼭 필요한 것만 들인 공간에서 간소하게 살아야겠다. 지구에 덜 미안해하면서, 소비는 줄이고 나눔은 늘리는 삶이라면 좋겠다. 내가 버린 수많은 쓰레기가 당장 눈앞에서는 사라졌지만, 지구 어딘가에는 아직 남아 있다는 사실 또한 잊지 말아야겠다.

균형이 무너지고 있다

　넉넉하지 못한 형편으론 쉽게 떠나지 못하는 게 해외여행이다. 그런 면에서 반 강제였지만, 해외여행을 두 번이나 다녀왔던 지난해는 나에겐 큰 행운이었다. 라오스와 일본, 비록 누구나 한 번쯤은 다녀왔음 직한 아시아 지역이었지만, 바삐 움직이는 보통의 관광과 달리 두 번 모두 주최 측이 여유롭게 일정을 짠 덕에 제대로 여행지의 문화를 느끼고 왔다. 보통의 패키지여행은 꽉 짜인 계획에 쫓겨 허겁지겁 일정을 소화하는 게 일반적이다. 그런 여행은 다녀와서도 무엇을 봤는지, 어떤 감동이 있었는지, 기억이 잘 나지 않는다. 그처럼 여행에서 새로운 문화를 제대로 느끼기 위해선 장소와 시간의 균형이 중요하다.

　걷는 것을 좋아해 등산이나 트래킹을 자주 다닌다. 얼마 전한 해를 마무리하면서 지리산을 올랐다. 모처럼 폭설이 내린 만큼 산행은 환상적인 비경을 자아냈다. 아직은 무난했지만, 평소보다 힘들다는 느낌이 들었을 때, 문득 나이 들어 몸의 균형이 무너져 등산도 트래킹도 못하면 어떡하지 하는 생각이 들었다.

"노세노세 젊어서 노세, 늙어지면 못노나니, 화무는 십일홍이요, 달도 차면 기우나니라…"젊었을 때 즐겁게 놀라는 노래가 있다. 또 젊었을 때 고생은 돈을 주고 사서라도 하라는 말도 있다. 모두 경제 이론에선 절대 적용해서는 안 될 말이다. 생각할수록 아리송하다. 한 살이라도 젊을 때 많이 즐기는 게 옳을까, 노후를 대비해 즐기는 것보다 돈을 모으는 일에만 열중하는 것이 옳을까. 돈도 모으고 즐기기도 한다면 금상첨화인데, 양손에 떡을 쥘 수는 없는 노릇이다. 사람마다 몸의 조건이나 수명이 달라 그 균형을 맞추는 게 쉽지 않다.

모든 일이 희망대로만 되면 얼마나 좋을까. 열심히 즐기다가 늙어서 고생하기 쉽고, 열심히 일만 하다가 건강이 나빠져 아무것도 할 수 없게 되기도 한다. 젊었을 때 열심히 일하지도 않았고, 신나게 즐기지도 못했다. 그러다 보니 모은 돈도 없고, 해외여행도 별로 다니진 못했다. 은퇴 후에도 돈을 벌어야 하는 상황이지만, 다행히 무릎이 아프다거나 건강이 나쁘진 않아 일을 계속하고 있다. 과거보다 수입은 줄었지만, 일은 더 재미있다. 과거에는 일이 먹고사는 삶의 수단이었지만, 지금은 내가 하고 싶은 일을 적당히 하며 휴식도 즐긴다. 균형이 무너지진 않았다는 말이다.

경제적으로 크게 성공한 고령의 한 기업인이 젊었을 때 즐기지 못하고 살아온 것이 후회스럽다며 한 살이라도 젊을 때 즐기고 살라는 말을 했다. 이 말을 잘못 해석하여 저축은 고사하고 빚을 내서라도 하고 싶은 것 다 하고 즐기며 산다면 그야말로 현재의 자신을 위해 미래의 자신을 희생하는 최악의 사람이다. 훗날 그 대가를 치르게 된다. 그 기업인의 말은 미래를 위해 과하게 젊음을 희생하지 말라는 말이다. 열심히 일한 만큼 충전의 의미로 즐기라는 말로 해석해야 한다. 결국, 일 하지 않은 사람은 즐길 권리도 없다.

죽음을 앞둔 시기가 되면 하고 싶은 것을 못 해본 것이 가장 후회스럽다고 한다. '한 살이라도 젊었을 때 즐기고 살라'는 말과 '젊어서 고생은 사서도 하라'는 두 가지 말 사이에서 균형을 잡는 것이 중요하다. 꾸준히 발전하면서도 현재의 위치에도 감사하지 못한 채 끝없는 욕심으로 삶의 균형을 맞추지 못하면 개인도 사회도 무너지고 만다.

많은 사람이 자기만의 '편향'된 생각으로 살아간다. 특히 정치적 이념은 편향이 심하다. 보고 싶은 것만 보고, 옳다고 생각하는 정보만 수용하고, 유리한 대로 해석하고, 말을 내뱉고, 행동한다. 같은 일을 두고 내가 하면 정당하고 상대방이 하면 안 되는 극단적인 이분법 생각에 익숙한 채 살아간다. 그야말로 편견의 극치다.

끌어내려 오려는 자, 올라오지 못하게 짓밟으려는 자, 그들은 균형을 무너뜨리고 있다. 세상은 그렇게 극과 극으로 존재하지 않는다. 남극이나 북극 같은 꼭짓점이 아니라 온갖 동식물이 살 수 있는 균형 잡힌 세상이어야 살기 좋은 곳이다.

한쪽 다리를 깎아 한쪽 다리를 키운 비대칭의 세상으론 걸을 수 없다. 갈수록 심해지는 이념의 편향에 지금 나라는 균형을 잡지 못하고 있다. 누구나 자신이 믿는 것은 편향된 생각일 수 있다. 균형을 잡아야 한다. 균형을 맞추는 일이 쉽지 않은 것은 자신에게 익숙해 있던 편향이 자꾸 유혹하기 때문이다. 개인도 국가도 기울어진 이념에 가스라이팅 되어서는 안 된다.

층간소음

아파트에 사는 한 친구가 위층의 청소기 소리, 세탁기 소리, 발망치 소리에 스트레스가 이만저만 아니라고 하소연했다. 위층에 수차례 항의했지만, 고쳐지지 않는다고 했다. 발망치라는 말에 살짝 웃음이 나왔지만, 아파트나 빌라 같은 복합주거시설의 층간소음이 큰 문제라는 것을 매스컴을 통해 수없이 들은 만큼 안타까운 마음이 들었다.

층간소음은 기준이 명확하지 않고, 사람에 따라 다르게 느끼기 때문에 뚜렷한 대책이 없다. 단순하게 시공단계에서 콘크리트 두께를 매우 두껍게 하면 되지 않느냐고 말하는 사람도 있지만, 경제성을 고려할 때 그럴 수만도 없다. 또 이미 지어져 있는 건물을 허물고 다시 지을 수도 없는 노릇이다. 소음방지 매트를 까는 것도 하나의 대책이지만,

이것도 한계가 있다. 미관을 해칠 뿐만 아니라 기계음이나 물소리는 잡을 수 없다.

층간소음과 관련해 법률이나 시행령 등이 제정되어 있지만, 근본적인 해결책은 되지 못한다. 법적으로 해결하려고 해도 만만치 않다. 법률과 시행령, 규칙에 맞춰 입주자는 층간소음을 기준 이하가 되도록 해야 한다. 하지만 사람마다 예민함이 달라 정해진 기준은 큰 도움이 되지 못한다. 설령 기준을 초과한다고 해서 해당 세대를 내쫓을 수도 없고, 형사적 처벌을 할 수도 없다.

그렇다면 층간소음은 누구도 해결 못 하는 문제일까. 그야말로 이웃사촌끼리 서로 양보하고 배려하며 이해해야 할 문제다. 층간소음은 언제라도 입장이 뒤바뀔 수 있다. 위층에 대해서는 피해자가 될 수 있고, 아래층에 대해서는 가해자가 될 수 있다. 이해와 배려의 문제일 수 있다는 밀이다. 작은 소리도 층간소음이라고 생각하는 순간 층간소음이 된다.

우리는 일상에서 수많은 소리와 함께 살아간다. 하지만 그것을 삶의 소리로 받아들이기에 힘들어하지는 않는다. 삶이 팍팍해 예민해진 것일까. 삶에 지쳐 사소한 일에 예민해져 이웃과 싸움이 벌어져 사람을 죽음에 이르게 한 일도 벌어졌다. 최악의 경우, 귀를 막으면 될 일을 흥분해서 돌이킬 수 없는 범죄를 저지른다면 한 번뿐인 자신의 인생까지 망치게 된다.

지금은 단독주택에 살고 있어 공을 차든 춤을 추든 문제가 없지만, 필자도 아이들이 어렸을 때 오랫동안 아파트 생활을 한 적 있다. 유별나게 활동적인 아이들이어서 층간소음을 많이 유발했을 것이다. 사실 처음 아파트에 살면서 어느 정도의 소음이 아래층에 영향을 주는지 알지 못했다. 그런데도 문제가 되지 않았던 것은 위층 아래층 왕래하며 온 세대가 친하게 지냈기 때문이었다. 그야말로 이웃사촌으로 양보하고 배려하며 지냈었다. 친화력이 좋았던 아내의 역할이 컸지만, 같은 통로의 세대 모두가 또래의 직장인이다 보니 고만고만한 아이들로 네 집 내 집 가리지 않고 왕래하며 지냈었다.

그러고 보면 이해와 배려가 층간소음의 근본적인 대책이다. 이웃에 대한 배려와 이해, 스스로의 습관과 행동을 돌아보며 양보하고 배려하는 마음가짐을 갖는 것이 중요하다. 철길 옆에 사는 사람은 요란한 기차 소리에도 숙면을 취하고, 바닷가에 사는 사람은 파도 소리를 느끼지 못한다고 한다. 당연하게 받아들이면 아무 문제가 아닐 수 있는 것이 층간소음이다. 사람 사는 일에 사소한 일로 다투는 것은 휴머니즘을 포기한 것이다. 때로는 무심하게, 때로는 대화로, 때로는 이해와 배려로 인간적인 교류가 필요하다.

발걸음이 망치 소리처럼 들리고, 가전기기 소리가 시끄럽게 들린다면 아파트에 살아서는 안 되는 체질이 아닐까. 밤에 음악을 틀어놓거나 대성통곡을 하지 않는 이상, 아파트 생활은 다 비슷하다. 더불어 사는 세상, 적당히 이해하며 살아야 내가 편해진다. 이웃 간에 왕래도 없는 요즘 이웃에서 사람 사는 소리 난다면 쓸쓸하지 않아 좋지 않은가. 아파트가 너무 조용하면 유령이 사는 곳 같지 않을까.

카르페 디엠

　장례식장 조문을 마치고 나오는데, 예닐곱 살 아이 둘이 로비에서 떠들고 있다. 감은 수의를 입은 것을 보니 맞은편 빈소에 차려진 젊은 망자의 자녀로 보인다. 나비 한 마리가 로비 바닥에 불시착한 것을 보고 서로 잡으려 다투고 있다. 나비는 비를 피해 잘못 날아온 듯하다. 엄마가 죽은 것을 그새 잊었는지 얼굴엔 눈물 자국이 말라붙어 있다.

　과거를 기억하고 미래를 걱정하는 어른들의 눈엔 안타까운 모습이다. 엄마가 죽어 슬피 울다가도 날아든 나비에 정신을 빼앗길 수 있는 아이들. 현재에 집중하는 데는 아이들을 따라갈 수 없는 것 같다. 조금 전 어떤 일이 있었더라도, 내일 어떤 일이 벌어질지라도 아이들에겐 현재만큼 중요한 게 없다.

아주 오래전, 내 아이가 여섯 살 때쯤이었다. "아빠, 과거나 미래는 언제인지 알겠는데, 현재는 언제를 말해요?"라는 질문을 받은 적 있다. 현재는 과거와 미래 사이에 있는 지금이라고 대답했던 것 같다. 한참을 생각하던 아이가 느닷없이 그럼 현재는 없는 것 같다고 했다. 왜냐고 물었더니, 지금은 항상 머무르지 않고 곧바로 지나가 버려 과거가 되더라는 것이었다. 그렇다. 현재는 절대 머무르지 않는다.

살아가면서 우리는 무수한 고통에 휩싸인다. 생각해 보면 고통은 언제나 현재에서만 느낀다. 아이의 말처럼 현재는 금세 과거가 될 것이고, 미래는 금세 현재로 다가온다. 지나가는 현재나 지나갈 미래도 잠시 머물 때만 고통이 존재한다. 고통이 있다는 것은 자신의 존재를 말한다. 그래서 살아 있는 현재를 사랑하는 것은 운명을 받아들이는 일이다.

아이들이 현재에 충실한 것은 슬픔을 이기는 본능이다. 나비가 다시 날아가자 아이들은 안타까운 표정으로 바라본다.

어디선가 휴대폰의 컬러링이 울린다. "아모르파티, 아모르파티~ 운명은 아무도 모르니 인생은 지금부터야~" 운명을 사랑하는 사람은 위대하다고, 자신의 운명을 받아들이고 사랑하라는 니체의 말이 떠오른다.

마무리

컴퓨터로 밥 먹고 살아온 지 수십 년이다. 평생 손에서 컴퓨터가 떨어지지 않고 살아왔지만, 아직도 마무리 실수로 낭패를 보는 경우가 있다. 문서를 작성할 때도, 작품을 쓸 때도, 책을 편집할 때도 마무리 실수로 작업한 것을 날려버리는 경우가 종종 있다. 그럴 때마다 중간 저장을 다짐하지만, 금세 잊어먹는다.

수 시간 작업한 내용이 날아갈 때면 세상이 허무하다. 오늘도 같은 일이 벌어졌다. 디자인 프로그램 특수성으로 중간 저장을 하면 1분여의 시간이 소비된다. 과정이 귀찮을 수밖에 없다. 오늘도 중간 저장을 하지 않고 작업하다가 수 시간 작업한 내용을 송두리째 날려버리는 일이 벌어졌다. 망연자실이란 말이 절로 나오는 순간이었다. 머리를 치며 자책해 보지만, 이미 엎질러진 물이다. 본인의 급한 성격 탓이라 누구를 원망할 수도 없다.

실수가 잦다 보면 어느 순간엔 반성하고 다짐한다. 그때부터는 시간이 걸리지만, 30분 간격으로 저장한다. 하지만 그것도 오래가지 않는다. 30분이 한 시간 되고, 한 시간이 두 시간 되고, 다시 세 시간 된다. 그렇게 늘어지면서 다시 안일해질 때쯤 또다시 실수가 일어난다. 반성과 오기를 반복하면서 밤을 꼬박 새우다 보면 간혹 다음 날 아침이 되어서야 작업을 마칠 때도 있다.

살아가면서 어떡하면 실수 없이 마무리를 잘할 수 있을까. 따져보면 성격과도 관련이 있지 않을까 싶다. 사람마다 일하는 모습을 보면 알 수 있다. 오래전 A라는 직장상사가 있었다. 대표이사와의 인맥으로 승승장구하는 최고의 실세였다. 문제는 그의 끈기였다. 그는 시작은 거창하고 화려하지만, 결과는 늘 용두사미가 되는 사람이었다. 말은 청산유수였다. 말만 들으면 못 해낼 것이 없고, 안 될 게 없는 사람처럼 보였다. 그러나 일을 진행하면서 난간에 부딪혔을 때 헤쳐나가지를 못했다. 근거나 논리보다 감정으로 판단했다. 빈 수레가 요란하듯 말만 시끄러웠다. 매번 일을 벌이나 마무리를 못 해 흐지부지 손을 떼는 일이 많았다. 결과에 대한 책임은 늘 남에게 전가했다.

그는 회의 때마다 검토도 없이 새로운 사업을 제시하며 추진하도록 명령했다. 문제는 처음 얼마 동안은 열심히 하다가, 어려운 문제에 부딪히면 금세 싫증을 내고 이내 다른 사업을 가져온다. 그쪽으로 마음이 옮겨가면서, 처음 그가 관심을 가졌던 사업은 흐지부지 없었던 일이 된다. 부하직원만 소모된 손실을 수습하느라 힘이 든다.

한번 내뱉은 말은 주워 담기 힘들므로 책임지지 못할 말은 해서는 안 된다. 말보다 결과를 만드는 실천이 중요하다. 그래서 말을 유창하게 잘하는 사람보다 말없이 실천하는 사람이 듬직하고 믿음이 간다. 얼마만큼 일을 잘하느냐 못지않게 일을 얼마나 잘 마무리하는지도 중요하다. 일을 벌이기만 하고 주워 담지 못하는 자의 부하는 그 뒤치다꺼리에 애를 먹는다.

도전은 잘하지만, 마무리가 부족했던 A의 책임감 없는 일 처리에 투자자는 등을 돌리고 결국 수천 명 직원이 직장을 잃는 결과를 낳았다. 인맥으로 조직을 구성하는 게 얼마만큼 위험한 일인지 보여주는 결과였다.

마무리란 일의 과정에서 결말을 뜻하기에 완성이나 실패를 결정한다. 나는 선천적으로 타고난 호기심 때문에, 이것저것 알고 싶고 배우고 싶은 게 많다. 그 때문에 취미나 배움에 투자한 시간과 비용이 만만치 않았다. 하지만 좋은 결과를 낸 적은 그렇게 많지 않은 것 같다. 시작의 중요성만큼 끝맺음이 중요하다는 단순한 진리를 인정하기까지 긴 시간이 걸렸다. 글도, 취미도, 업무도 마무리로 결과를 도출해야 한다. 꾸준함이 진정한 능력이란 것이다.

나 역시 마무리를 잘 짓지 못하는 부류다. 호기심은 많은데 끈기가 없다. 어떻게 하면 끝까지 꾸준할 수 있을까, 답은 오로지 반복과 연습이다. 무조건 벌이기만 할 게 아니라 앞선 일을 마무리하고 다른 일을 도모하는 것도 중요하다. 살아가면서 필요한 건 시작이 아니라 꾸준함과 마무리다.

인간 상품의 가치

상품의 새로운 브랜드는 차별성을 최대한 끌어올리는 게 생존에 좋은 방법이다. 차별성의 가치는 사람도 별반 다르지 않다. 현대는 자기 PR 시대를 넘어 자기 상품화 시대라고 한다. 사람도 하나의 상품이라면 평범하지 않고 새로운 차별성을 가지는 게 좋은 전략이다. 그런 이유로 사람들은 자신의 우수성을 극대화하려고 경력을 쌓고 홍보한다. 문제는 광고만 요란하고 물건의 질이 수준에 미치지 못하면 역풍을 맞듯, 사람도 겸손하지 못하고 자신을 과대 포장하면 타인을 기만하는 행위가 되어 신뢰를 잃게 된다.

지인 A가 새로 출간한 시집 한 권을 보내왔는데, 표지를 넘기다가 깜짝 놀랐다. 자신의 프로필이 한 페이지를 차지할 정도로 방대하다. 웬만한 문학상은 다 받은 이력이다. 그럴 만큼 시인으로 역량이 뛰어나지 않은데, 뭔가 이상했다. 작품을 읽어보니 고전적이고 상투적이다. 해당 상을 운영하는 단체의 누리집에서 수상자를 확인해 보았다. 어느 한 곳도 그의 이름은 없다. 알고 보니 그가 받은 상은 그가 몸담은 동인지에서 회원을 상대로 수여하는 상으로 문단에 알려진 큰 상과 이름만 같은 것이었다. 얼굴이 화끈거렸다.

과대포장의 극치를 보여주는 B라는 사람이 있다. 유창한 말솜씨로 틈만 나면 자신의 경력을 자랑했다. 처음엔 숨은 고수인 줄 알았다. 모든 말이 거짓말이라는 걸 알기까지는 긴 시간이 필요하지 않았다. 많은 사람이 그의 과대광고에 세뇌되고 있었다. 가스라이팅으로 사람을 지배하려는 사이비 종교집단의 교주 같았다.

C라는 사람은 또 어떨까. 그는 자기를 소개할 때마다 꼭 전직을 붙인다. 전직에 대한 자부심으로 자신을 상품화하는 행위다. 평소 말이 없어 점잖은 사람인 줄 알았다. 우연히 말을 나눌 기회가 있었는데, 말끝이 무척 짧았다. 상대방에 대한 배려가 없었다. 나와는 아무런 연고나 친분도 없는데, 기껏 나이 몇 살 많다고 아랫사람 대하듯 반말이었다. 그렇다고 자신보다 어른에게 공손한 것도 아니었다.

A, B, C처럼 자신을 대단한 척 미화하는 사람이 있는가 하면, 항상 자신을 낮추는 겸손한 사람도 있다. 지인 P는 자신을 자랑하기보다 항상 주변 사람을 치켜세운다.

그야말로 겸손이 몸에 밴 사람이다. 비록 말은 눌변이지만 도리와 의리를 최우선의 신념으로 여기는 사람이다. 어떤 경우라도 남 탓하지 않고 항상 자신이 책임지는 신뢰와 믿음을 주는 사람이다.

또 다른 지인 k는 봉사가 몸에 밴 사람이다. 그는 평생을 성실과 정직으로 살아오면서 사회적으로 존경받는 사람이다. 자신의 부족한 부분을 솔직히 공유하는 사람으로 상대가 누구이든 항상 먼저 인사하고 많은 말을 하기보단 늘 경청하는 사람이다.

이처럼 사람마다 차이는 있지만, 자신을 대단한 척 미화하는 사람이 있는가 하면, 대단한 일을 하고도 항상 자신을 낮추는 사람도 있다. 상품화의 방법에 있어 A, B, C와 P, k는 극과 극이다. 내면을 자세히 보지 않고 겉모습만 본다면 A, B, C를 훌륭한 사람으로 착각할 수 있다.

우리는 누구나 자신이 나쁜 쪽의 분류에 속하는 것을 원하지 않는다. 남을 평가하기 전에 나는 어떤 사람인지 생각해 볼 필요가 있다는 말이다. 나는 어떤 부류일까. 냉정히 나를 평가하면 늘 실수를 반복하는 서투르기 짝이 없는 엉성한 사람이다. 간혹 자신이 쓴 글을 읽을 때면 늘 잘난 척하고 있는 모습을 발견한다. 그럴 때면 얼굴이 붉어진다. 아니라고 말하겠지만, 그동안 자신을 미화하며 살아온 건 아닌지 반성하게 된다. 말로는 부족하다고 말하면서 욕심은 머릿속을 꽉 채우고 있었을 것이다.

스스로 있는 그대로 받아들여 보기로 했다. 나는 특별한 재주가 있는 사람이 아니다. 그렇다고 온 힘을 다해 노력하는 스타일도 아니다. 겨우 평균을 유지하는 사람이다. 생각해보면 우리의 마음을 사로잡는 사람은 훌륭한 경력이나 이력의 소유자가 아니다. 오히려 좌충우돌 겪는 진솔한 실패담이라는 사실이다. 여전히 실패하며 살아가는 과정과 포기하지 않고 부족해도 도전하는 사람을 좋아한다. 그런 사람에겐 진정성이 있기 때문이다.

예전에는 남들보다 여러모로 능력 없는 자신이 항상 마음에 들지 않았는데, 이제는 그냥 좋아 보인다. 여전히 노력해야 하는 부분이 많지만 그래도 좋아하는 일을 좋아하는 사람들과 함께 만들어 가고 있다는 것, 의미 있는 하루하루를 함께하고 있다는 것, 내가 좋아하는 장소를 오가며 일하고 있다는 것, 외부의 압박에서 살짝 벗어나 비전이나 문화를 소중한 내 주위의 사람들과 함께 만들어 가고 있으니 이 얼마나 즐거운가.

시인공화국, 수필가공화국이 된 대한민국 문단에서 작품마다 단 한 줄의 이력만 적는 P의 모습을 보고 그의 겸손을 읽는다. 오늘도 잘한 결정보다는 잘못된 결정을 더 많이 내린 자신이 부족하지만, 이를 알게 되는 과정도 고맙다. 어쩌면 나는 나를 상품화할 생각이 없는지 모른다. 과거를 마주하고 공유하는 태도가 달라지면서 많은 것이 달라졌기 때문이다. 그 변화가 감사하게 느껴지는 하루다.

변수

　가끔 서울 갈 일이 있다. 서울이 어떤 곳이던가, 눈 뜨고 코 베이는 곳이라 하지 않았던가. 그 말은 늘 몸가짐을 조심하라는 말이다. 그래서 서울 갈 때면 미리 길찾기 앱으로 가상의 경로를 코 본다. 버스 시간은 물론이고 지하철 출구까지 미리 점검한다. 별명이 인간 내비게이션이라 길도 잘 찾는 편이다. 너무 자연스러워 입을 열기 전엔 모두 서울 사람인 줄 안다.

　코로나가 막 안정 단계에 들어갈 무렵, 편집위원으로 몸담은 수필 문예지의 오프라인 편집회의가 있는 날이다. 코로나19로 한동안 화상으로 회의하다가 편집위원들의 좌담이 특별 편성되면서 모처럼 대면 회의를 하는 날이다. 아는 길도 물어가라고 몇 번을 갔던 곳이지만, 가는 길을 확인하기 위해 인터넷 지도에서 길 찾기를 클릭한다. 출발지와 목적지를 입력한 후 교통수단을 선택한다. 곧바로 몇 가지 방법이 나온다. 수많은 데이터에 의해 제시된 결과다. 기가 막힌다. 포털사이트의 '길 찾기'는 먼 길을 나설 때마다 이용하는 앱이다. 길 찾기의 예정시간이 대부분 맞지만, 세상 모든 일에는 변수가 있다. 그래서 먼 길을 갈 때면 시간 여유를 넉넉히 가지고 출발한다.

버스표를 끊으려는데, 자주 이용하던 시간대에 배차가 없다. 이 또한 코로나의 횡포다. 출발부터 20분이나 늦었는데, 버스회사의 노사문제로 느긋하게 준법 운행한다. 마음이 점점 조급해진다. 그렇다고 기사를 재촉할 수는 없다. 오늘따라 변수가 거듭된다. 서울이 가까워지자, 도로가 막힌다. 늘 막히는 곳이지만, 유난히 많이 막힌다. 느낌으로는 한 시간은 더 지체한 것 같다. 터미널에 도착하고 보니 예정보다 40분이나 늦다. 허겁지겁 지하철역으로 내려가는데, 목적지 방향 전철이 막 떠나간다. 그야말로 최악이다. 여유시간이 또 줄어들었다. 회의 시작 전에 도착하려면 더는 변수가 없어야 한다.

다행히 10분 전 도착했다. 딱 적당한 시간이다. 입구에서 옷매무새를 확인하고 들어서려는데 느낌이 이상하다. 문자를 다시 확인해 본다. 아뿔싸, 회의 시간이 한 시간 뒤다. 코로나 예방 차원으로 한가한 시간 식사를 맞추기 위해 회의를 한 시간 늦춘다는 문자가 이미 와 있었다.

마음 졸이며 왔는데 갑자기 허탈해진다. 한 시간의 여유가 생겼다. 사무실로 곧장 들어가려다 생각을 바꾸어 평소 가보고 싶었던 근처 종묘를 둘러보는 시간을 가졌다.

회의를 마치고 돌아오는 버스 안에서 오늘 하루를 곱씹어본다. 길을 가다 보면 많은 변수가 일어난다. 차를 놓치기도 하고, 도로가 막히기도 한다. 변수에 또 다른 반전의 변수까지. 오늘은 그 반전의 변수가 없었다면 두 시간을 길에서 헤맸을 것이다. 아찔한 일이다.

우리네 삶에도 많은 변수가 작용한다. 그 변수에 쉽게 무너지는 사람이 있는가 하면 흔들림 없이 헤쳐나가는 사람도 있다. 나 자신은 변수에 얼마나 준비하며 사는지 돌아본다. 준비는커녕 자신에 대한 믿음조차 부족해 새로운 일은 도전조차 하지 않는다. 갈림길에 서면 늘 선택을 회피한다. 결과가 두려워 선택조차 않을 때면 남은 것은 늘 후회뿐이다. 먼 길을 나서기 전 경로를 확인했던 것처럼 새로운 길에 대해 준비할 수는 없을까.

누구나 자신이 원하는 대로 인생이 펼쳐지기를 기대하지만, 삶에는 수많은 변수가 발생한다. 변수의 장벽으로 고민할 때 문제 해결이 전혀 예상하지 못했던 의외의 곳에서 찾아오기도 한다.

신유미 작가의 그림동화 '알바트로스의 꿈'에는 날개가 너무 커서 한 번도 날지 못한 알바트로스라는 새가 등장한다. 알바트로스가 다른 새들처럼 멋지게 날 수 있는 길은 바람을 탈 수 있는 높은 산을 오르는 길밖에 없다. 하지만 산을 오르는 길에는 바위며 나무며 변수가 많다. 그 길은 외롭고 힘든 길이다. 때로는 자신이 가는 길을 의심하며 포기하고 싶은 생각도 든다. 포기의 유혹을 뿌리치고 마침내 정상에 오른다. 결국, 날개를 활짝 펴고 훨훨 날아올라 꿈을 이룬다.

살아가면서 늘 목표를 정하고 준비하는 사람과 닥치는 대로 사는 사람과는 가는 길의 가치가 다르다. 나는 어떤 목표와 준비로 살아가고 있을까. 이 길이 진정 내가 원했던 길인지도 생각해 본다. 우리의 삶은 한 치 앞도 내다볼 수 없는 안갯속 같은 곳이다. 준비란 그 안갯속 길을 안내하는 '길 찾기' 같은 것이기에 알바트로스처럼 변수를 이기고 끊임없이 목표한 길을 가는 것이다.

에나길을 걷다

진주에는 '에나길'이 있다. 시가지를 둘러싼 비봉산, 선학산, 가좌산, 망진산 등의 산길과 도심 골목을 고스란히 연결한 길이다. '에나'는 '참'이나 '진짜'를 뜻하는 진주 사투리이다. '에나길'은 숲과 나무가 있는 산길과 우리 일상의 굴곡을 담은 골목길을 하나로 연결한 '참길'이다. 진주를 온전히 느끼기 위해서는 에나길을 제대로 걸어봐야 한다.

오늘이 그 디데이다. 진주는 남강을 중심으로 도시가 형성되어 있고, 그 주위를 작은 산들이 둘러싸여 분지를 이루고 있다. 시 외곽으로 집현산, 월아산 등 제법 큰 산도 있지만, 진주를 제대로 느끼기 위해서는 에나길이 있는 비봉산, 선학산, 가좌산, 망진산 산길을 둘러보아야 한다.

그렇지 않고서는 진주를 잘 안다고 할 수 없다.

세상은 복잡다단한 곳이다. 기쁨과 슬픔이 공존하고 평온과 불안도 함께한다. '인생'을 '길'에다 비유하는 이유도 그 때문이다. 힘든 삶이 묻어나는 골목길도 있고, 풍광이 아름다운 여유로운 길도 있다. 대체로 둘레길이나 올레길이 후자라면 도심의 골목은 삶이 묻어나는 힘든 길이다. 아름다움만 품을 수 없는 우리네 인생처럼 두 가지 모두를 품은 길이 '참' 길이 아닐까 싶다.

경상대학교와 연암공대 사이, 야트막한 대숲 길을 시작으로 출발한다. 대나무와 편백나무가 숲을 이루고 있다. 자박자박 맨발로 걷기 좋은 황톳길이다. 간간이 감나무 밤나무들이 가을의 정취를 더하고 있고 코스모스는 바람에 하늘거리고 있다. 깊어가는 가을풍경에 흠뻑 젖는다.

에나길은 두 개의 코스로 나뉜다. 1코스는 진주성과 중앙시상을 기쳐 비봉산과 선학산을 거치는 북부권 코스이고, 2코스는 가좌산과 망진산을 포함해 망경농과 칠암동을 두르는 코스이다. 진주 토박이로 수십 년을 살아온 곳이라 1코스든 2코스든 부분적으로 다 다녀본 곳이지만, 산과 함께 코스로 한꺼번에 탐방해본 적은 없다. 오늘은 먼저 가까운 2코스를 선택했다.

진주는 내가 태어나 지금껏 살아온 곳이며, 앞으로 내가 살아갈 곳이기도 하다. 직장생활 20여 년을 제외하곤 인생의 대부분을 진주에서만 살아왔으니 진주사랑은 그 누구보다도 높다. 하지만 늘 뜸들지 않은 밥처럼 찜찜한 마음이 있었다. 도심 곳곳은 가보지 않은 곳이 없지만, 진주를 둘러싸고 있는 산을 완전히 둘러보지 않았기 때문이다.

아침이라 그런지 한층 더 시원한 바람이 분다. 체감으로 와 닿는 가을의 서늘함이 상쾌함을 준다. 저마다 행복을 느끼는 방법이 다르지만, 자연을 느끼고 살아가는 것만큼 행복한 것이 없다. 아직은 채워지고 알알이 열매 맺는 가을은 아니지만, 세월의 흐름에 몹시 어질거리는 분명한 초가을이 눈에 들어온다.

딱딱한 아스팔트를 걸을 때와는 전혀 다른 느낌이다. 흙이 주는 정겨움을 오랜만에 느껴본다. 가끔씩 지나치는 사람들 인사를 나누는 모습이 정겹게 다가온다. 발에 묻어나는 오솔길의 흙냄새가 어린 날들을 떠올리게 하여 동심을 일으키기도 한다. 지난 과거 속의 나를 끄집어낸다. 사람의 만남에 대해, 인연에 대해, 그리고 미움이나 증오까지, 허상 같은 나를 본다.

두어 시간을 걸었을까. 어느새 망진산 정상이다. 가슴이 확 뚫린다. 발밑엔 남강이 유유히 흐르고 도심이 한눈에 펼쳐진다. 저 먼발치 아스라이 보이는 진양호가 무언의 손동작을 하며 내 손을 살며시 잡는다. 높이 더 높이 올려다본다. 뭉게구름이 손에 잡힐 듯 가깝게 다가온다. 눈에 보이진 않지만 뿜어져 나오는 상쾌함이 내 몸을 감싼다. 넓은 바위에 걸터앉는다. 이내 마음은 청결함이

느껴진다. 날개를 움직이며 퍼덕이는 새가 되어 난 하늘을
날기 시작한다.

아등바등 살아가는 사람들의 몸부림이 이 거대한 자연
앞에서 작고 초라하게 담긴다. 파란 배경과 초록의 스케치,
모든 것이 작은 점으로 보인다. 이내 내 마음을 깊이
포용한다. 가슴이 한결 따뜻해지며 난 나를 다시 토해내며
눈을 뜬다. 아무 생각 없이 그저 즉흥적으로 자연에 몸을
내맡기며 나를 쏟아내는 그 순간들이 나를 살찌게 한다.

남강의 물빛은 푸르기만 하다. 봉수대를 거쳐 내려오는
길, 코스모스가 여리게 내 눈에 안겨준다. 설익은 단풍잎이
바람에 날리기도 한다. 찐한 가을향기가 풍겨온다. 저렇게
여기저기 바람에 날렸다가 이름 모를 누군가의 발에 밟혀
흔적 없이 한 줌 거름으로 땅속에 묻히겠지.

우리 인생도 그와 똑같지 않을까. 뒤돌아보면 벌써 내
생각과는 다르게 내 봄과 미움은 또 다른 나의 껍데기를
뒤집어쓰고 때론 나를 감춰가며 인생이란 노끈에 의해 실질
끌려가지 않을까. 숨기는 마음속의 진실과는 또 다르게
나타나는 나의 본 모습을 본다. 산에서 느끼는 감정몰입에
난 다시 걷기 시작한다. 흔들거리는 바람에 쓰러질 듯
그러나 그 속의 강함이 잡힐 듯, 잠시의 일탈을 끝내고 난
다시 일상으로 돌아온다.

계절은 어김없이 순환을 되풀이한다. 이별의 쓸쓸함과
수확의 풍요로움이 함께하는 계절, 무심히 떠가는

구름에서도 호젓한 숲길 청아한 들꽃에서도 환희와
감탄보다는 쓸쓸함과 측은함이 느껴진다. 아마도 가을엔
오는 것보다 떠나가는 것들이 많아서 이리라. 어쩌면
내 속에 나를 부추기는 그 무엇 때문일 테지만 가을은
야속하게도 잊고 사는 것들을, 지난 것들을 자꾸만
생각한다.

뒷모습

"김성진님, 오늘은 ○○통장으로 국민연금이 지급되는 든든한 날입니다."

매월 25일 아침이면 날아오는 반가운 문자다. 매달 기다려지는 문자지만, 처음 문자를 받은 날은 반가운 마음보다 씁쓸한 마음이 더 컸다. 내가 벌써 은퇴하고 연금을 받을 나이인가 싶어서였다. 애써 만기 된 연금을 타는 것이지, 내가 늙었다는 말은 아니라고 위로해 보지만, 주변의 변화를 볼 때 인정하지 않을 수 없다.

연중 한 번 부부 동반하여 국내든 해외든 여행을 다니는 친구 모임이 있다. 올해는 거제도의 한 작은 섬에서 1박 3식의 휴양을 즐긴 후 가까운 식물원을 구경했다.

"세 명은 무료, 다섯 명은 5000원씩입니다."

신분증을 내밀자 매표소의 직원이 말했다. 나를 제외한 3명의 친구는 입장료가 무료라고 했다. 친구들이 모두 나보다 한두 살 많다 보니 만 65세가 넘었다. 우리나라는 만 65세가 되면 본인의 의사와 관계없이 국가에서 노인으로 분류한다. 나만 노인이 아니라고 하니 당장은 좋았지만, 나 역시 내년이면 노인으로 분류되어 국가로부터 반갑지 않은 혜택을 받게 된다.

가끔 나이를 인정하고 싶지 않은 경우가 있다. 젊었을 때 예비군을 끝내고 민방위로 전환될 때 처음 그랬다. 이젠 훈련받을 일이 없다는 홀가분한 마음보다 청춘이 다 간 것 같아 아쉬움이 더 컸다. 쉰 때도 그랬고, 예순 때도 그랬다. 그렇게 스스로 인정하는 참 어른이 되지 못한 채 이제는 국가가 공인하는 노인의 위치가 눈앞이다.

살아온 날을 돌아보면 십 대 때는 빨리 어른이 되고 싶었다. 그땐 스무 살이 되면 어른이 되는 줄 알았다. 하지만 그 나이가 되어도 몸만 어른이지 아직까진 누군가에게 의지하는 미완성의 어른이었다. 서른쯤은 되어야 어른이 될 것 같았지만, 서른이 되고 보니 미혹의 마흔쯤 되는 사람이 어른 같아 보였다. 하지만 그 나이가 되어도 흔들림만 심했고, 다시 마흔, 쉰이 되어도 어른이 되지 않은 것 같았다. 언제쯤 나는 어른이 될 수 있을까. 국가 공인 노인이 되면 내가 원하는 어른이 될 수 있을까.

살아가면서 현실을 착각하기도 하지만, 알고도 인정하고

싶지 않을 때도 있다. 가령 사람들이 나이를 더할수록 사진찍기를 싫어하는 심리에서 알 수 있다. 거제도 여행 후 단체 SNS에 올라온 사진을 보고 현실을 자각해야만 했다. 처음 만났던 이십 대 때의 우리 모습은 온데간데없고 정수리가 훤한 노인들 모습만 있다. 사진을 본다는 건 어쩌면 자신의 겉모습만 보는 게 아니라 현실을 자각하는 일인지 모른다.

노인, 어른, 원로…, 이런 존칭은 무슨 의미를 가지며, 어떤 기준으로 나누는 걸까.

작든 크든 모든 조직엔 어른이 있다. 과거 유교 시대엔 덕망이 높고 벼슬을 한 나이 많은 사람을 어른 또는 원로라고 했다. 그들은 집안이나 마을 대소사는 물론이고 국가 정책에 이르기까지 관여해 왔다. 어려운 일에 봉착했을 때 방향을 결정해 주는 역할을 했다. 아마도 오랜 경험에 의한 지혜가 도움 되기 때문이다.

현대에 와서도 크게 달라지진 않았다. 한 분야를 오래 경험한 나이 많은 사람을 어른이나 원로라고 한다. 좋은 전통이라 할 수 있지만, 문제는 현대의 어른 위치에서 과연 과거처럼 자신이 겪은 경험이 조직에 큰 도움을 주는지 생각해 볼 필요가 있다. 수천 년을 이어온 농경시대는 이제 십 년 단위로 생활문화가 바뀌고 있는데 어른의 경험이 과연 유용한지 의문이 든다. 어른이라고 해서 예우와 대우만 바라고 시대에 뒤떨어진 요구만 하는 것은 아닐까.

무척 조심스러운 말이다. 어른다운 어른이어야 어른이라 할 수 있다. 가령 김장하 선생처럼 누구나 존경할 수 있는 인격적 성숙을 갖춘 어른이 진정한 어른이 아닐까. 사전적 의미처럼 생물학적으로 나이 든 사람을 어른이라 한다면 우리 사회에는 어른이 차고 넘쳐야 한다. 하지만 우리 사회에 어른은 눈을 씻고 찾아봐야 할 정도로 많지 않다. 어른이라는 말에는 또 다른 조건이 필요하지 않을까.

어른에 대한 다른 새로운 관점 설정이 필요하다. 인격적인 성숙을 이룬 어른은 모범이 되는 이미지와 정체성을 보여주었을 때 인정된다. 누군가 어른스럽거나 어른다워 보인다는 것은 그 사람이 어른으로서의 이미지와 정체성을 가지고 있다는 뜻이다. 반대로 '어른이 그러면 안 된다.' '어른 되려면 아직 멀었다'라는 말을 들을 때는 인격적 성숙이 부족하다는 말이다.

그렇다면 우리 사회가 요구하는 인격적인 성숙을 이룬 어른의 역할은 무엇일까. 많은 것이 있겠지만, 무엇보다도 타인의 관점에서 상대방을 이해하고 배려해 주고, 어려운 상황에서 흔들리지 않고 중심을 잡아주는 역할이다. 다시 말해 후배들의 정신세계에 많은 영향을 끼쳤던 사람을 어른이라 할 수 있다.

현대 사회의 어른은 자기 요구나 주장이 아니라 다양성을 존중하고 포용하는 존재로 자리 잡아야 한다. 각기 다른 세대와의 소통은 필수적이다. 이것이 진정한 공생의 출발점이고, 미래 사회를 더욱 풍요롭게 만드는 일이다. 세대 간의 차이는 현대 사회에서 어른의 정의를 이해하는 데 큰 영향을 미친다. 각 세대는 서로 다른 경험과 가치관을 가지며, 이는 성숙과 책임이라는 개념을 다르게 해석하게 만든다.

컴퓨터의 발전은 세대 간의 소통 방식에 큰 변화를 불러왔다. 세상은 바뀌어 경험보다 과학적 근거나 인공지능을 통한 빅데이터가 더 정확한 판단을 내리는 시대다. 원로의 경험은 오히려 매너리즘에 빠져 발전을 저해할 뿐이다. 경험적 지혜가 크게 작용하지 않는다. 이런 변화는 세대갈등까지 가져오게 되었다. 물질문명이 정신을 지배하게 된 이후로 이러한 현상은 더 극심해졌다.

분명한 것은 모든 생물은 생식이 끝나면 죽는다. 생을 다한 별들은 초신성 폭발을 일으키고 많은 원소를 남긴다. 수천, 수억만 년이 지나면 그 자리에서 이 원소들을 재료로 새로운 별이 탄생한다. 그처럼 어른이 된다는 건 후손늘에게 흙이 되어 주는 일이다. 존경받는 어른이 되기 위한 조건은 나이가 아니라 노블레스 오블리주다. 어른의 권위란 뒷모습에서 결정된다.

일흔 초반의 존경하는 어느 선생님이 스스로 살아있는 장례식을 치르셨다. 물론 일반적인 장례식은 아니다. 시인으로서의 절필이나 현장을 후배에게 물려준다는 표현이다. 너무 이른 결정이라 안타깝지만, 나서기 좋아하는 어른답지 못한 일부 원로들에게 일침을 가하는 참 어른의 모습이다. 이형기 시인은 시 낙화에서 "가야 할 때가 언제인가를 알고 가는 이의 뒷모습은 얼마나 아름다운가"라고 했다. 노탐의 추한 모습을 보여서는 안 된다는 말이다.

거제도 사진 중 또 하나가 현실을 자각하게 한다. 다른 친구의 사진 속 우연히 찍힌 나의 뒷모습, 영락없는 힘 빠진 노인의 뒷모습이다. 그러고 보니 살아오는 동안 내 뒷모습을 제대로 본 적이 없는 것 같다. 삶을 여러 각도로 보다 보니 비로소 지난 삶의 뒷모습이 보이기 시작한다. 인생은 60부터라는 말이 있다. 예순이든 일흔이든 중요하지는 않다. 짐이 되는 노인이 아니라 존경받는 참 어른이 되어야 그 말도 성립된다.